职业教育电子商务专业新形态教材

电子商务文案写作技巧

DIANZI SHANGWU WENAN XIEZUO JIQIAO

主　编　陈应纯　　王程程

副主编　肖永莲　　王雪松　　施念星　　刘　婧

参　编　曾　春　　胡小红

重庆大学出版社

图书在版编目（CIP）数据

电子商务文案写作技巧/陈应纯,王程程主编.––重庆：重庆大学出版社，2020.11（2024.1重印）
职业教育电子商务专业新形态教材
ISBN 978-7-5689-2370-5

Ⅰ.①电… Ⅱ.①陈…②王… Ⅲ.①电子商务–应用文–写作–中等专业学校–教材 Ⅳ.①F713.36

中国版本图书馆CIP数据核字（2020）第229586号

电子商务文案写作技巧

主 编 陈应纯 王程程
副主编 肖永莲 王雪松 施念星 刘 婧
责任编辑：陈一柳 版式设计：陈一柳
责任校对：谢 芳 责任印制：赵 晟

*

重庆大学出版社出版发行
出版人：陈晓阳
社址：重庆市沙坪坝区大学城西路21号
邮编：401331
电话：（023）88617190 88617185（中小学）
传真：（023）88617186 88617166
网址：http://www.cqup.com.cn
邮箱：fxk@cqup.com.cn（营销中心）
全国新华书店经销
重庆升光电力印务有限公司印刷

*

开本：787mm×1092mm 1/16 印张：6 字数：137千
2020年12月第1版 2024年1月第2次印刷
印数：3 001—5 000
ISBN 978-7-5689-2370-5 定价：32.00元

QIANYAN

前言

本书是针对中等职业学校电子商务专业编写的教材，是根据教育部2014年颁布的《中等职业学校电子商务专业教学标准（试行）》编写而成，是一本以培养电子商务文案专业人才为目标的教材。从电子商务的发展趋势来看，文案写作已经成为了电子商务专业学生必须学习的课程内容之一。

本书结合当前行业、企业对电子商务人才和文案岗位的要求，分别介绍了文案内容和写作的一般知识和方法。全书分5个部分，其中第1部分介绍文案的内容、作用和文案岗位的职责；第2部分介绍了文案编写前的必要准备；第3部分是本书的主要部分，详细讲述了电商文案的编写技巧；第4部分讲解了文案标题的写作技巧；第5部分为各平台文案，主要讲解如何撰写适合短视频、微博等新媒体平台的产品文案。该书采用案例互动式教学方法，内容安排力求做到深浅适度、详略得当，叙述简明扼要、通俗易懂，既方便教师讲授，又便于学生理解掌握。每个部分之后还附有练习题，让学生在学习知识的同时通过练习能够尽快掌握各个知识点的内容，培养文案写作能力。教师一般可用20个学时来讲解本教材内容，辅以16个学时的写作练习，即可较好地完成教学任务。同时，教师在实际授课过程中可以根据需要对学时进行适当的调整。

本书由陈应纯、王程程担任主编，肖永莲、王雪松、施念星、刘婧担任副主编，曾春、胡小红担任参编。本书编写分工如下：刘婧编写了第一部分；陈应纯编写了第二部分；王程程编写了第三部分和第四部分第一节；胡小红编写了第四部分第二节；肖永莲编写了第四部分第三、四、五节；王雪松编写了第五部分第一节；施念星编写了第五部分第二、三、四节；曾春编写了第五部分第五节；附录由王程程完成。本书由王程程、肖永莲、曾春统稿。本书适合做中等职业学校电子商务专业以及其他相关专业的教材，也可供文案爱好者参考使用。如有疏漏不足之处还请各位老师和同学指正。

编　者
2020年5月

MULU

目　录

第1部分
认识文案

【 学习目标 】

- 认识文案的概念；
- 知道传统文案与电子商务文案的区别；
- 掌握移动端时代电商文案的诊断。

【 学习情境 】

　　00后学生凤九进入职业院校，成为一名电子商务专业的新生。老师带来了一款校企合作的产品，让同学们想想广告词。凤九看着老师拿出的产品，摇摇头，不知怎么下笔。现在，让我们和凤九一起从文案基础知识开始，摒弃旧思维重新认识文案，一步一步修炼成文案大咖。

1.1

文案的前世今生

什么是文案？如果你去百度，百度会这样告诉你（见图1-1）。

[wén àn] ◀
文案 ✏ 编辑

文案，原指放书的桌子，后来指在桌子上写字的人。现在指的是公司或企业中从事文字工作的职位，就是以文字来表现已经制订的创意策略。文案不同于设计师用画面或其他手段的表现手法，它是一个与广告创意先后相继表现的过程、发展的过程、深化的过程，多存在于广告设计、企业宣传、新闻策划等。

图1-1 百度对文案的定义

对于上面这个定义截图你多半是一扫而过，甚至可能没耐心看完，因为移动终端已经改变了人类的阅读习惯。所以在这个信息爆炸的手机时代，有必要重新认识文案。

所有人都知道文案就是广告中的文字部分。那我们来看下面的例子（见图1-2）。

图1-2 芝士卷

这张图你最先看到什么？

没错，就是那个叠得三层高的芝士卷，而旁边的文字被大家直接忽略了。"满满的草莓味溢出勾起你的满满食欲，给你想要的松软感。"语文课上你会说这是一个不错的句子，可现实是没人看。

这张图（见图1-3）你又看到了什么？

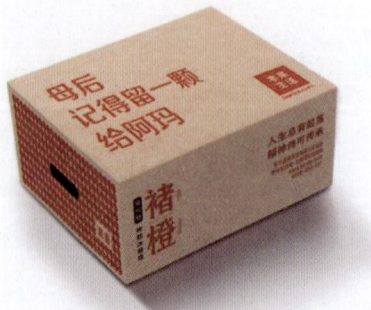

图1-3 褚橙

大家都会异口同声说看到了"母后记得留一颗给阿玛"。很自然就记住了文字，不用倒回去阅读或者费力去回忆。没有橙子果皮鲜亮配色，没有果肉细腻的详情图，单凭一句文案就有点冲动想将这个褚橙带回家。

因此，我们今天所讲的文案，是广告中能吸引顾客、留住顾客、刺激顾客产生实际购买行为的文字部分。电子商务文案服务于商务活动，更需要有吸引力。

课内阅读

世界上最早的广告文案

18世纪，考古学家们开始发掘毁于公元前79年火山爆发的古城庞贝，在他们的史料中记录了两则写在白墙上的广告，可以看作是最早的广告文案之一。

这两则广告分别是：

"一队造营官武士，在5月31日进行比武，同时也斗野兽，有遮阳光的篷子。"

"在阿里安的玻璃住宅区，格纳维斯的不动产从7月15日开始出租。房子是带有住宅的店铺和供骑士们居住的房间。如要租用，向格纳维斯的奴隶办理。"

KENEIYUEDU

1.2

NO.2

电商文案人该做什么

常见的广告文案，一般由文字和图片两部分组成。文案人要负责的就是文字部分的构思和写作。当然，电商文案人除了负责一般的广告文案，还需要对网店中的主图和详情页的内容上有强力、持续、大量的信息输出。

然而，在职业岗位中，文案人并不只是单纯地写写文字。文案人还要具备图1-4和图1-5所示的能力和职责。

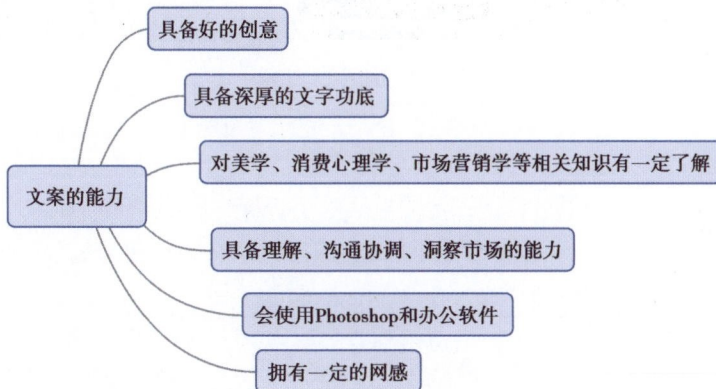

文案的能力
- 具备好的创意
- 具备深厚的文字功底
- 对美学、消费心理学、市场营销学等相关知识有一定了解
- 具备理解、沟通协调、洞察市场的能力
- 会使用Photoshop和办公软件
- 拥有一定的网感

图1-4 文案人要具备的能力

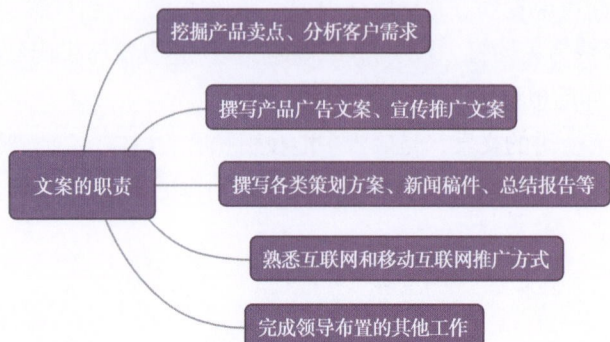

图 1-5　文案人的职责

1.3

笔尖上的销售

你和朋友走进饭店点了一桌子菜，等菜时看见桌角上贴着这样一个小广告（见图 1-6）。

图 1-6　江小白文案

我们总是对着过去侃侃而谈
对于现在却无话可说

嘿，有点儿意思。心里潜台词：这酒看起来不一样，要不要来一瓶。由文案引起的联想，成功吸引了顾客。青春小酒江小白经过5年时间将销售额从0提高到10亿元，文案功不可没。有人打趣说它是一个文案比酒还出名的公司。

所以，对绝大多数企业来说，文案就是要吸引顾客，转化购买，带动销售，然后把钱赚回来。不能卖货就不是好文案；文案效果越好商品就销得越多。

除此之外，文案还起到辅助企业彰显品牌实力、传承营销战略的作用。

1.4

文案不卖货的问题在哪里

1.写不出来——你对产品了解吗

现在要你为这个产品（见图1-7）写一条文案，你会直接摇头。这到底是什么东西？多看两三遍你发现它可能是玫瑰花茶，但对它产自哪里、功效是什么一点儿都不清楚，毫无思绪、无从下笔。文案绝不是简单拍拍脑袋组合出来的几个词语而已，它是基于文案编辑者对产品的了解和对顾客的调查得出的结果。

图1-7　洛施花舍玫瑰花茶

2.写得多，谁看——互联网对文案的改变

智能手机时代信息爆炸、内容过剩、各种各样看不完的信息，人们的阅读习惯进化，阅读随时开始随时暂停，暂停后可以忽略放弃然后又开始，人们不再专心阅读。在这种情况下，传统的文案思维如果还根深蒂固，写出一大段文案，海量信息却抓不住顾客的第一眼，那么谁又会来仔细品味端详你的文案呢？

3.没有打动顾客

写文案给谁看？

顾客。

文案的对象是顾客，是给顾客创造购买的理由，无法打动顾客，就不是好文案。比如买尿不湿，是为给孩子排泄方便；买衣服口红，是给自己提升颜值。再如买车，心里想的是为了出去游玩，但说服其购买的理由，大部分是为了家人出行更方便。无论什么产品、什么类型的文案，都需要和受众对象沟通。

以小米手机为例：

小米4采用高通骁龙801处理器。（和我有什么关系？）

手机运行更快了。（呃，然后呢？）

你玩游戏时手机就不卡了。（买买买）

有时候我们觉得自己的文案很牛、很专业，文采斐然。可对顾客而言，他需要掏腰包，他要的是实用、实用、实用，文案要能打动他。

拓展阅读

江小白文案欣赏

在这个移动时代，有人记住了你的文案，在你的海报前停留，你就赢了一半了。看过很多文案，现在跟你们分享一组江小白的文案吧（图1-8到图1-11）！

江小白小酒的成功，其走心的瓶身文案功不可没。从江小白的海报文案中提取几个关键词：文艺、青春、感性、打拼等。它选择贴近年轻人的生活，基于他们情绪的表达，契合了年轻人之间的沟通需求。

图1-8　江小白文案
愿十年后　我还给你倒酒，
愿十年后　我们还是老友。

图1-9 江小白文案

总觉得没喝够，其实是没聊透。

图1-10 江小白文案

最想说的话在眼睛里，
草稿箱里，梦里，和酒里。

图1-11 江小白文案
明天有明天的烦恼
今天有今天的刚好

图1-12 江小白文案
真正的忘记不需要任何努力

作业练习

本部分主要介绍了文案的定义及其作用，移动端时代文案应注意的问题。现在请帮凤九同学完成以下习题。

1.文案是广告中能＿＿＿＿＿＿＿＿＿＿＿＿＿＿＿＿的文字部分。

2.你觉得下面文案写得最好的是（　　　）。

 A.全场七折优惠   B.花100元买200元商品

 C.90%的折扣   D.全场10元只要10元

3.请写出让你印象最深的10条文案，并说明原因。

第2部分
文案编写前的必要准备

【学习目标】

- 掌握提炼产品卖点的方法，能为产品提炼出有效卖点；
- 了解市场动向；
- 掌握文案写作前物料库建立与使用的方法。

【学习情境】

凤九初始文案后，觉得新奇百怪的文案太好玩了，对文案产生浓厚的兴趣，于是她决定深入学习电商文案，希望自己也能写出卖货的文案。

2.1

认识你的产品和顾客

1.提炼产品卖点的方法1——九宫格思考法

要写好卖货的文案一定要对产品和顾客十分了解。那么，我们先来说说产品。

产品的卖点可以从材料、工艺、成本、用途、功效、优势、特色、好处、价格等方面入手。如果顾客不感兴趣，卖点再多依旧卖不出去。例如，顾客去买单反相机时，导购员给他讲了很多产品的优点，如像素高、屏幕可扭转、能通过 Wi-Fi 传照片等，让顾客真正付费的是一句话：佳能相机照人像比尼康相机美。

无论产品有多少个卖点，如果顾客不感兴趣就无济于事，最终没办法转化为销售。所以产品卖点的提炼必须要是顾客最关心的那一个。

课内小知识

宫格思考法

拿一张白纸，画一个正方形，然后将其分成九宫格，中间那格先填上产品名称，在其他8格中填上产品的卖点。这8个卖点与产品相关，可任意联想，不重复，不刻意寻求是否准确。

KENEIXIAOZHISHI

下面以空调为例提炼卖点（见图 2-1）。

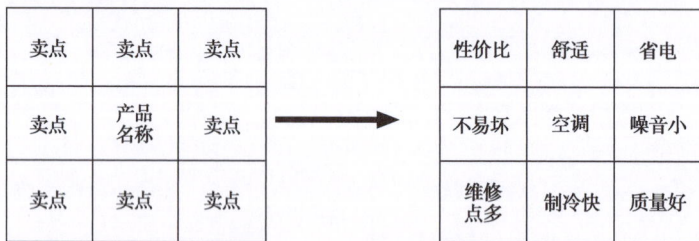

卖点	卖点	卖点
卖点	产品名称	卖点
卖点	卖点	卖点

→

性价比	舒适	省电
不易坏	空调	噪音小
维修点多	制冷快	质量好

图 2-1　九宫格思考法

空调的卖点很多，到底哪个才是顾客最关心的呢？

36 ℃以上的高温天气，没有风，太阳的炽热全部投射在地上，公路被晒热了，空气被晒热了，走在路上汗水直下，衣服湿透，脸也被烤红。走进屋里闷得厉害，鞋都来不及脱，第一件事是打开空调。

此时制冷快就是顾客最为关注的因素。因为，制冷快直接影响着顾客的直接感受。但是空调在一定时间内都会制冷，所以这不是空调的关键卖点。

那下面换一个场景，继续说空调的卖点。

你走进家，打开空调，屋里变凉快了。关掉空调又热起来，你需要一直开着空调，每天时间可能长达20多个小时。制冷快你已经不需要了,你需要的是省电。解决空调省电的问题,就是顾客急需解决的核心痛点。所以,格力空调将"一晚低至一度电"作为产品的主打卖点。

2.提炼产品卖点的方法2——做减法

将能想到的卖点一一写在九宫格内,哇,好多卖点。

请记住:太多卖点等于没有卖点!

提炼产品卖点第二个方法——做减法。

有人会问,如果我不把产品卖点给顾客讲完,顾客不了解我的产品,他又怎么会掏腰包呢?在过去那个信息缺乏的年代,顾客的确会把有关产品的信息仔细看完,生怕自己买贵或买到不满意的产品。进入互联网时代后,来买空调、手机、衣服等产品的顾客一定会事先对产品有所了解,因为淘宝、京东等各大电商平台早已经将产品款式、规格、颜色甚至价格等详情全部公之于众。当顾客浏览你的产品时,如果没有一个核心的卖点,他们基本上就会选择离开了。

所以,我们应对卖点做减法,减、减、减,直到只剩下最核心的内容。

以这条女童缩口裤(见图2-2)为例,我们先给这些卖点做一个排位,一一划去不重要的卖点。

透气	舒适	价格低
纯棉	女童缩脚裤	防蚊
吸汗	亲肤	缩口挡风

图2-2 女童缩口裤九宫格

纯棉、亲肤、舒适、价格低、吸汗、透气、防蚊、缩口挡风

妈妈们给孩子买服装"纯棉、舒适"作为必不可少的条件已经被各童装品牌用烂,在大街上随便买一条儿童裤子都写着"纯棉、舒适",这个卖点并不突出。"吸汗、透气、防蚊"也不是每条裤子的核心卖点。最后留下"缩口挡风",一是这裤子本来就缩口;二是挡风这个卖点在市场上很少被提及,正好解决部分买单人的痛点,在投放进天猫时转化率相当不错,成为爆款。由此可见,虽然我们减少了卖点,却增加了销量。

再次记住:卖点一定要做减法,减、减、减,直到只剩下必须讲的内容。

3.认识顾客1——文案主角

淘宝女装的优秀文案,你见过哪些呢?

步履不停,迷住了2 000万女青年心的方案。我们还是先来看一则它的经典文案吧(见图2-3)。

图 2-3　步履不停的经典文案

你写PPT的时候，

阿拉斯加的鳕鱼正跃出水面；

你研究报表的时候，

白马雪山的金丝猴刚好爬上树尖；

你挤进地铁的时候，

西藏的山鹰一直盘旋云端；

你在会议中吵架的时候，

尼泊尔的背包客一起端起酒杯在火堆旁。

有一些穿高跟鞋走不到的路，

有一些喷着香水闻不到的空气，

有一些在写字楼里永远遇不见的人，

出去走走才会发现，

外面有不一样的世界，不一样的你。

　　这则文案美丽又文艺，就像是一个安静恬美的女子在和你诉说着她曾经所见所闻，让人不由得想进入步履不停的店铺看一看（见图2-4、图2-5）。

　　店里卖的都是都市文艺女装，它的目标客户就是偏文艺的都市女青年，定位相当精准。文艺女青年就是该文案的主角。用文艺范儿的语言去说服文艺青年，这是文案的一个基本技能。

图2-4　步履不停淘宝店

图2-5　步履不停淘宝店

面向其他消费群体，如老年群体，就应采用完全不同的文案：

人啊，一上年纪就容易缺钙。过去我经常补钙，可是一天三遍地吃，麻烦！现在，有了新盖中盖高钙片，一片顶过去五片，方便！您看我，一口气上五楼，不费劲。新盖中盖高钙片，水果味，一天一片，效果不错还实惠！

步履不停文案浪漫精致，盖中盖文案通俗实惠。主角不同文字不同，文案主角就是目标顾客。

4.认识顾客2——戳痛点

从给缩口裤做减法的例子中不难发现我们对缩口裤的定位很清晰，给出的卖点即是顾客的痛点。

夏天，你走进一家饮品店，店员给你端上了一杯热腾腾的茶，结果你转身就走掉，为什么？因为你需要的是冰镇汽水而不是热茶，店员没有抓住你的痛点，销售失败了。

因此在写文案前，熟悉顾客，了解顾客心理，分析顾客痛点是必不可少的。

那什么是痛点？

顾客存在什么问题，如他口渴，他难受，他睡不着觉，他苦恼，这些就是顾客需要解决的问题，也就是痛点。

又如最近顾客想减肥，但又没有时间。减肥是需求，没时间是痛点。某品牌开发了一款新产品，让顾客走路、散步、做清洁时都可以消耗脂肪，这就解决了顾客的痛点。

怕上火喝王老吉。（王老吉）

一饿就虚了，横扫饥饿，做回自己。（士力架）

去屑实力派，当然海飞丝。（海飞丝）

前后两千万照亮你的美。（OPPO）

这些文案就是典型地戳中了顾客的痛点，抓住了顾客的心。只有当卖点和痛点结合起来，找到顾客的真实需求，才能真正写出卖货的文案。

2.2

市场洞察

很多文案编辑者都听过这句流行的话："每个走心的文案背后都有一个厉害的洞察。"文案写作前另一必不可少的准备就是市场洞察，没人会去关心和讨论一个没有人关注的冷门话题。

先来做个小测试，下面几个问题，请你与小组内的同学快速地用第一反应回答，不要去思考：

现在最火的视频软件是什么？

当下最热的话题是什么？

流量最大的电视剧是哪部？

如果你的回答与80%的同学一致，那么恭喜你初步具备了市场洞察能力！洞察市场最原始、最有效的方法就是关注市场。

只有天天看天的人才知道天的变化！

下面又回答两个问题：

去吃火锅前，女士们一般会做什么？吃完后又会做什么？

购买玉饰时，顾客又会担心什么？

这一次可能80%的人答案都不同，为什么？

这是因为大家没有对这两个问题进行细致观察和思考分析。细致观察和思考分析是升级版的市场洞察能力。作家加里·克莱因在《洞察力的秘密》中提出了一个公式："表现提高 = 减少错误与不确定性 + 增加洞察力"。

下面请看两个方案：

品牧火锅：头发衣服不留火锅味

李彦真玉：一个用毕生家当担保的玉品牌

这两个文案回答了刚才的问题，一秒读懂，解决顾客痛点，并且卖点区别于同类产品。想必顾客已经对这两个品牌有了好感，文案魅力再次俘获了人心。

2.3

物料准备

1.建立语料库

写文案是一种文字工作，就像高中写作文时，语文老师让学生们积累素材，只有收集大量素材才能输出内容。文案编辑者也要注意收集各行业、各风格的好文案，做成文案集锦。除此之外，好句子、好诗词也要收集起来，建成语料库。

小贴士

平时走在路上、坐车、看电影、吃饭时如果灵光一现，想到了好句子、好词，应赶紧记录进语料库。

2.工具

在现今这个信息社会，手机已成为人们记录生活的工具之一。在应用商店里下载以下几个 App（见图 2–6），选你喜欢的 1~2 个 App 安装备用。

图 2-6　文案工具

锤子便笺：操作简单，随时编辑，能图文混排，可按关键词搜索。

印象笔记：文字整理功能能强，能做注释，可同步记录。

简书：有创作社区，内容多，离线也可保存。

微信收藏：一键收藏，可分类，使用方便简单（见图 2–7）。

前三个 App 需要下载安装，微信收藏属于微信自带，无须安装。其他 App 包括手机备忘录、提醒事项等都可以成为记录文字、图片等信息的有力工具。

图 2-7　微信收藏

拓展阅读

一条文案如何卖出100亿!

今年过节不收礼,收礼只收脑白金。这是什么产品的文案?

几乎所有人都可以回答:脑白金!

脑白金自问世第二年便跻身中国保健产品销量第一,之后10年,销量稳步上升突破100亿元。截至2017年3月13日,脑白金已经累计销售4.6亿瓶。

但很少有人知道,当时史玉柱陷入危机欠债2.5亿。脑白金的这条广告不仅拯救了史玉柱,还让脑白金登上了保健品的神坛。

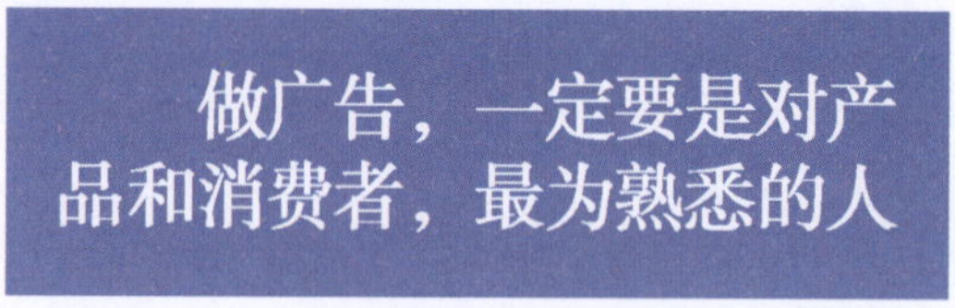

> 做广告,一定要是对产品和消费者,最为熟悉的人

图 2-8　了解市场

那就不禁要问了,这么史诗级的广告文案到底是谁写的?是怎么写出来的?

当时的史玉柱每天都亲自和顾客接触,他特别喜欢毛泽东提出的:"没有调查,没有发言权"。

中国的老年人其实对自己挺抠门儿的,他们大多数都想着把钱存着养老,或者留给后代。很少有老年人会主动花钱给自己买保健品。但是如果是儿女给自己买,就吃。

中国传统,百善孝为先。儿女们尽孝道的表现之一就是:给老人送礼。结合这个逻辑,史玉柱洞察到了保健产品的另一个属性:礼品属性。

因此他把广告的定位,放到儿女的身上。产品卖点,就是让儿女们把脑白金当作礼品送给老人。于是华丽丽诞生了"今年过节不收礼,收礼还收脑白金"这条广告文案。

而市场结果,也说明这是一个绝佳的卖货文案。

史玉柱这样身家几亿的老板都能进入一线了解顾客、了解市场(图2-8),那么你呢,写文案还只是在加班拍拍脑袋用力想吗?

作业练习

同学们和凤九现在已经进一步认识了文案,为了能有效地掌握产品卖点的提炼方法和了解顾客方面的知识,下面我们一起来练习练习吧。

1. 产品卖点提炼的方法有_____和_____。

2. 判断题:一个产品的卖点是越多越好。(　　　)

3. 现有一款玫瑰纯露(见图2-9),花农手工采摘清晨的玫瑰,采用古法蒸馏制取工艺,提取玫瑰亲水性精华。直达肌肤底层滋养,促进皮肤水油平衡、淡化细纹、增强皮肤活力。不仅如此,玫瑰纯露还可以作饮食调理肠胃。请根据以上资料,运用九宫格思考法,为玫瑰纯露提炼产品卖点。

4. 顾客调查:拟出要调查的10个问题;调查的人数:50名。将调查结果进行整理,结合第3题再做减法,提炼玫瑰纯露最卖货和吸引消费者的卖点。

图 2-9　玫瑰纯露

第3部分
文案编写技巧

【 学习目标 】

- 理解文案写作逻辑;
- 掌握文案编写技巧;
- 掌握文案排版技巧。

【 学习情境 】

　　学校通过校企合作引进了一家蛋糕店。由于凤九在之前的学习中非常认真，老师将为蛋糕店写宣传文案的任务交给了凤九，凤九在文案写作上遇到了难题。

3.1

文案逻辑

1.短

看看下面这个文案（见图3-1）。

图 3-1　"凯爵夜猫子啤酒"文案 1

想一想以下几个问题：

你记住了什么？

那段小字写的是什么？你想倒回去再看看？

好吧，这条广告文案里一共有多少字？

再仔细看这篇文案，它文采出众写得又实际，描绘的就是我们现实生活中的情况，读起来也很不错。但是为什么大家都没看完也没记住它呢？

在移动端时代，长文案已经抓不住顾客，越长的文案越快赶走顾客。再好的文案、再酷的创意，顾客不看、看不下去、记不住就是白费。

再看同一款啤酒的另一条文案（见图3-2）。

记住了什么？都记住了。

这一次我们记住了是因为文案短，越短越容易记忆越利于传播。

写文案第一是让顾客看见，只有看见了才有可能转化成购买力。

所以，文案写作的第一原则就是短。

文案内容应在一屏内看完，20字左右，甚至更少。

如果你不得不写长文案，如商品详情等，记住应写短句、短段落。这都是为了让读

图 3-2 "凯爵夜猫子啤酒"文案 2

者更容易阅读，把文案、文章分成若干小段更有利于阅读、理解、记忆。例如：

你现在可以放松，不要急，我将为你马上揭开这个秘密。

作为一个文案新人，是不是觉得，他们很厉害，而你，要学的还多。

这都是短句。

2.说人话、接地气

文案的终极目的是把产品卖出去，在整个文案里你用的词和句必须是顾客能听懂的白话、俗话。

我们来看一个例子：

与狂热的看台无关，与震耳的助威无关，与炫目的奖杯无关。F1的精神，是持续的能量激情，是绵延的力量巅峰。

嘿，这文案是什么意思？是要宣扬F1精神吗？还是给某车、某饮料或其他什么产品代言？这个文案抒情、诗意，但却让人无法直接识别和理解其含意。

在赛场之外，发现F1精神，帕萨特！

这条文案，我们一眼就读懂。产品想要传递给顾客的信息（产品：车；品牌：帕萨特；优势：跑得快）都被顾客准确接收，送达率几乎100%。

力帆：纵横天下路，激扬非凡心。

力帆农村墙体广告：力帆汽车用的料好，山沟沟里随便跑。

第一条文案：气势磅礴、寓意深刻，用词不凡，口号感极强。很多大企业都爱这种文案，显得有内涵，高大上。但大家看过就算了，不会引起思考，内心也没有购买想法，最终看了等于没看。

第二条文案：简单直白，当顾客看到"山沟沟里随便跑"这字眼就知道这车性能好。而这种知道是条件反射性的，不用思考。

显然第二条文案更能让顾客买车。

春晚是一场正式盛大的晚会，我们最爱看的节目是什么？还是赵本山最接地气的小品嘛。写文案同理，了解清楚产品对象，用人话、通俗、接地气的语言去写。

说人话、接地气，简而言之就是用顾客听得懂的语言来写文案，没有顾客会去为他看不懂的文案买单！

课堂小练习

下面哪些文案是接地气的？

①步步高点读机，哪里不会点哪里，妈妈再也不用担心我的学习了。（某点读机）

②钻石恒久远，一颗永流传。（某珠宝）

③当我坐到琴凳上时，他们都在笑我，直到我开始弹起来。（某音乐学校）

3.懂沟通

为什么写文案还要懂沟通？

只有和顾客达成一致意见才能有效影响顾客情绪，才有机会卖产品。不沟不通，沟而则通，就是这个理。

把和顾客沟通的思维贯穿到文案写作中去。让文案代替你和顾客说话谈心，这点是很多文案都没有做到的。多数时候文案编辑者站在企业、产品的角度自顾自抒发理念、情怀，太过大雅，忽略沟通，顾客反而看不懂。

文案界的沟通大师——江小白

"我在杯子里看到你的容颜却已是匆匆那年"（见图3-3）

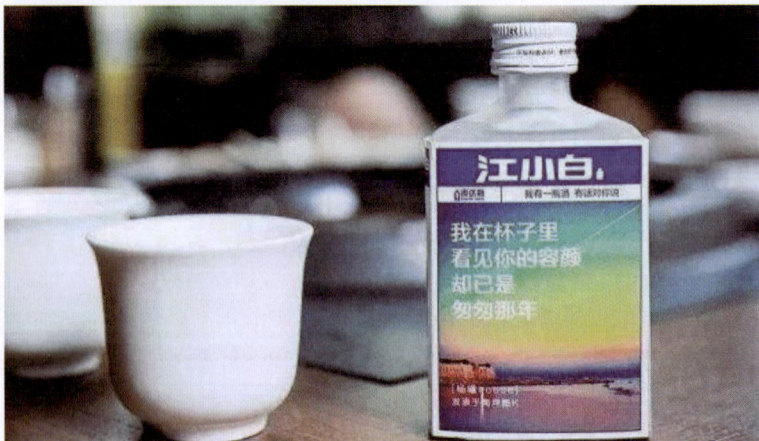

图 3-3　江小白文案

这篇文案18个字，首先短。但它字短却意不短，道出了顾客内心的故事。江小白文案摸透了顾客的心理，帮助顾客表达情绪，尤其是年轻顾客。

轻松筹，近几年发展迅猛，朋友圈、微信群、QQ群时不时的捐款链接让筹钱与献爱心变得越来越简单。先抛开钱不谈，我们看看它的文案（见图3-4）。

"我希望你一辈子都用不到轻松筹，但如果你需要，全世界都会在这里帮你！"

图 3-4　轻松筹文案

　　人们焦虑疾病，更焦虑没钱看病，轻松筹知道人们的痛点，知道人们期待什么，卖点由此产生。文案用拟人的方式阐述出来，让顾客产生共鸣。

　　无论什么类型、什么行业的文案，都是在和顾客沟通。

　　当然也不要把懂沟通想得很复杂，扎心也好，暖心也罢，洞察顾客心理，结合产品定位，沟通时先有一个人设，和一个人对话。

　　想想这个人设应该是谁？

　　是企业白领？还是社区大妈？是90后？还是老年人？

课内阅读

SCQA沟通法则

　　SCQA结构是麦肯锡公司提出的一种逻辑思维方法，被誉为高效沟通的万能框架。它包含情境（Situation）、冲突（Complication）、问题（Question）、答案（Answer）四部分（见图3-5）。

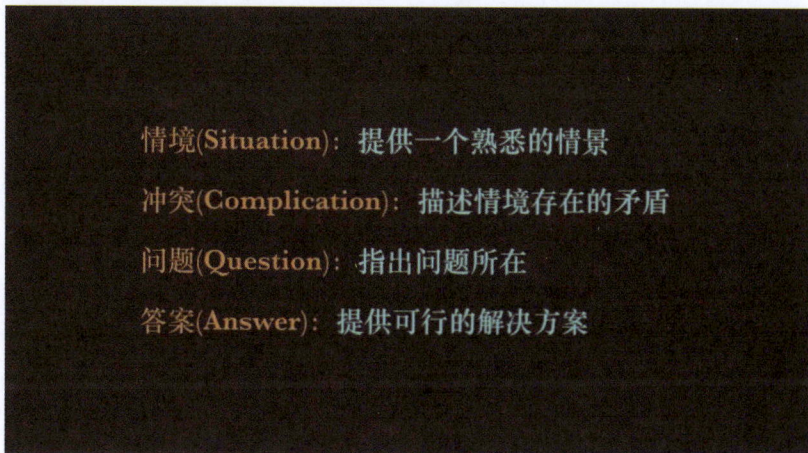

情境(Situation)：提供一个熟悉的情景

冲突(Complication)：描述情境存在的矛盾

问题(Question)：指出问题所在

答案(Answer)：提供可行的解决方案

图 3-5　SCQA 沟通法则

　　从文案的角度，SCQA结构一直在引导我们站在顾客的角度去和顾客沟通，而非自说自话。

　　得了灰指甲，（熟悉的背景）

　　一个传染俩。（在这个背景下发生了冲突）

　　问我怎么办？（站在对方的角度，指出问题所在）

马上用亮甲！（提供解决方案，也是文案要表达的重点）

从这篇亮甲文案可清晰看出SCQA结构。

同事比自己赚钱多，你觉得自己很努力，然而这些对于涨工资没有什么用。（熟悉的背景）

你以为努力了就能涨工资？老板觉得你的努力毫无价值！（场景中的冲突）

有没有一种方法，让你能快速涨薪呢？（站在顾客的角度，抛出问题所在）

这儿有一种方式，可以让你月薪5万。（给出好的解决方案）

咪蒙在《关于加薪，老板绝对不会告诉你的4个秘密》的文案推文中也清晰呈现出了SCQA结构。整个文案全程就是在和顾客对话沟通，白话扎心，但说服力超然，30分钟卖出1万份课程，每份49.5元。

大咖们都在用这个套路写故事、网络日记、文案、演讲……

你为什么不用？

自古深情留不住，唯有套路得人心呀。

3.2

整体叙述风格

文案是文字背后的销售，很多新手写文案时过分注重写作技巧，容易忽略叙述风格。但被忽略的往往是无比重要的问题，文案写作有时差的就是卖爆货的问题。

前面我们提到文案的本质任务是沟通，不是讲述或者唠叨。

顾客在看你的广告和文案时，是在跟一个人说话聊天，默认都是第一人称。

可以不写称谓，但要用第一人称的口吻，拉近与顾客的距离，让顾客感受到你的真实感，营造亲密沟通的氛围。

慎用第二人称。

你这么爱听歌，一定活得更难过吧。（网易云音乐）

这种文案的本意是要走丧体式幽默风，结果用户代入感太强，伤了心，甚至直接卸载网易云音乐，吃了大亏。

另外，在叙述风格上，一定要少用虚词、形容词，要将事实具象化，直接给出结果，多用数据，数据更具说服力。

某手机特点：超长待机。超长是一周还是一个月？一千个人有一千个理解。

充电5分钟通话两小时。（OPPO）

同样是说待机时间，5分钟就可以通话两小时，简单直接，具体化。传达出充电快、效率高的信息，戳中顾客内心。

苹果mp3为了说明内存量大：把1 000首歌装进口袋。

这里没有虚无缥缈地说"内存超大"，而是明确具体地给出数据！

具体的形容，才能让顾客不曲解文案要表达的意思，让他们身临其境。

3.3

写作窍门

1.切入点

（1）蹭热点

热点是大众最关心的话题，自带流量，蹭热点等于蹭流量，借势获得传播。

例如，2018年1月31日，月球上演了"月全食血月+超级月亮+蓝月"三景合一的天文奇观。当大家都在讨论"超级月亮""月全食""蓝月"时，网友们给蓝月亮P的图（见图3-6）也在网上疯狂刷屏。

图 3-6　"蓝月亮"P 图

蓝月亮洗衣液相当迅速聪明，借势推出官方文案：

"今晚月色真美。"

不得不说这图成了这次热点流传最广的图，霸屏营销呀！

一个敬业的文案，当然不会白白浪费这个收割流量的机会，于是各大品牌开始了集体蹭热点：

蓝血圆月，满屏升起。（联想K320T）

约佳人，看月食；坐易到，更易到。（易到专车）

今晚由它统帅整个星空之美。（统帅电器）

带你去最合适的地方，探索每一次奇观，今晚，分享你的超级月亮。（JEEP）

152年等一个良辰吉时。（王老吉）

停不下来的探索，只为离你越来"月近"。（炫迈）

把热点和自身产品的特点，找到一个契合点切入，清奇也有趣！

维密秀某模特摔倒的事件还记得吗？热点又来了！

不恨天高，就怕地滑，冠珠陶瓷，无惧地滑。（冠珠陶瓷）

冠珠陶瓷也是很典型将热点与产品捆绑，瞬间刷爆网络，知名度刷得一下打开了，蹭热点变成了传播战略。

需要注意的是，蹭热点虽然传播够快，但负能量的话题千万不能追，要始终保持品牌健康、有趣、动人的主张和形象。

作为文案新手，首先我们要知道到哪里找热点和找什么热点？

利用碎片化时间翻看手机，养成好习惯，随时关注网络上的各大事件。例如微博热搜榜每分钟更新一次，带有【热】字样的就是本时间段搜索量最大的话题；其他如知乎热搜、百度搜索风云榜、今日头条、微信公众号、朋友圈等也是可以利用的工具。

其次，文案人要知道哪些热点可以蹭？哪些热点值得蹭？这里主要有三个标准：

①这个热点是否有趣和有正能量？

②它与产品是否足够贴合？

③追这个热点产生的成本和收益分别是多少？有没有可能造成舆论风险？

一年一度的高考，也是大流量话题。让我们来看看以下文案是怎么做的。

高考决定的不是人生，而是后来与谁开启了故事。（江小白）

这个世界不属于80、90后，也不属于00后，它属于努力之后。（苏宁易购）

审题前，请点亮双眼。（奔驰）

这是为数不多的不看脸的竞争。（奔驰）

高考，无非是很多人做同一张卷子，然后决定去哪一座城，今后和谁表白，和谁撒娇，和谁一起点外卖，和谁耍酒疯，和谁走四年，和谁走一辈子，最终发现，错的每一道题都是为了遇上对的人。（美团外卖）

你的人生由你pick，不惧敏感，为梦而战。（冷酸灵）

记住，产品没话题就没流量，没流量就没销量，产品首先要先让顾客看见，没看见就等于不存在。

写这类文案时，文案新手应先模仿，多借鉴经典的文案，再下笔写，写着写着就有了。例如：

考试时带驱蚊手环，远离蚊子叮咬。（某手环）

有了驱蚊手环，蚊子来了都不怕，安心考试。（某手环）

这两条文案是电商班的同学借高考之风写的，虽然写得平平，但下笔写就是进步。写出来后再修改、打磨。

课堂小练习

结合当前热点写三条文案！

_____

_____

_____

（2）冲突

制造冲突的写作方法被很多网络写手所追捧，文案也一样。没有冲突性的文案，就像一杯白开水，索然无味。例如：

三年前，密苏里州多拉镇的辛斯一家，面临一个艰难的决定：买头新骡子还是买辆二手甲壳虫车？

寒冷的冬天，对骡子来说不胜辛苦，对甲壳虫车则无所谓；骡子需要一个仓库容身，甲壳虫车整天暴露在外面，漆色却跟刚买来时一样。

80%的人一看文案就明白意思，与骡子相比，甲壳虫车更加便利。用的就是"故事感+强烈冲突"，有了冲突才能引发需求，有了需求才能刺激购买。

越来越多的产品文案（见图3-7、图3-8）也开始使用这种方法。

人生没有退路

但，买优信二手车有

钱没损失，就是最大的保障！（优信二手车）

图3-7　优信二手车广告

"人生没有退路"是人类生活中最大的冲突之一，来个转折——"但，买优信二手车有"，文案最后就是给前面冲突一个解释，让顾客一下子记住在优信买二手车是可以退换的。

图 3-8　王老吉广告

困了累了喝红牛。（红牛）

怕上火，喝王老吉。（王老吉）

"困了累了"和"怕上火"是人们与身体的冲突，红牛和王老吉巧妙将冲突、痛点结合起来，直击人心（见图3-8）。

那么，如何在文案中运用冲突这一元素？如何挖掘冲突呢？这就需要一些技巧。

肥胖的冲突是什么？上班的冲突是什么？爱情的冲突是什么？大部分人会这样回答：瘦、不上班、背叛，但更准确的说法应该是：美食、玩乐、物质。

找冲突应先从反义词、事物矛盾的一面入手。"生活不止眼前的苟且还有诗和远方"，"苟且""诗和远方"就是一对矛盾体。

黄金饰品、卫生纸、燕窝、旅店、园艺剪、手机等，淘宝类目下有的产品我们都可以来找它的冲突。拿出纸笔动手写，就像数学算数一样，你需要一个草稿本。

在找不到冲突的情况下，要学会制造冲突、制造矛盾。在文案中加入冲突，可以把产品作为一个解决办法出现。同学们写的手机文案，也可以站在冲突角度来做一个优化：

怕卡机，用中华手机，王者不再掉队！

现在是不是觉得写文案也没有想得那么困难。

课堂小练习

请给下面的牛肉干写三条文案，其中一条从冲突角度切入。

段妈妈牛肉干（见图3-9）：草原牛肉，手工切条，无菌风干，肉质鲜香。

图 3-9　段妈妈牛肉干

（3）逆向

作为广告文案，天生招人烦。好的文案却招人又烦又爱。明知它是文案，偏偏要看，看了还要思考。

某地产文案：最好穿着衣服洗澡。

穿着衣服洗澡是怎么回事？跟我们的生活常识不一样呀！有故事？有内情？文案第一步让顾客看了。唤起好奇，有想进一步探其究竟的冲动。

下面来揭开这条文案神秘的面纱。

某江景房为了让顾客视野里只有壮丽的江景，采用全玻璃幕墙。为了说明玻璃明亮通透，用了逆向思维把常识颠倒过来，朝反方向去写，让人眼前一亮，创意十足。

只要风停了，什么猪，都得摔死。（钉钉）

天天路过地铁轻轨站，突然看到一条这样的文案，行路匆匆也变得有意思，有意思才能让人读下去。

现在，做一下逆向思维。

我们经常看到自助餐厅的墙上桌子上写着这样的文案：凡是浪费食物者罚款十元。文案普通没卖点，人爱财的痛点却被放大，餐厅和顾客形成对立，吃的人越来越少，这不是文案，这是拒绝顾客、赶跑顾客。

倒过来想，浪费对节约，罚款对奖励，于是后来文案改为：凡没有浪费食物者奖励十元。结果该餐厅生意火爆秒杀同类自助餐厅。

课堂小练习

将身边的产品，运动会班级的开场白，尝试用逆向思维的方式来写作。

文案编辑者的职责，似乎是要把每个词语、每个句子写得通畅华丽，凸显产品特色、产品理念，但事实上，阅读强弱顺序是视频＞图片＞文字。

文案要使出十八般武艺来抓住顾客第一眼。

例如，某品牌运动鞋，其竞争优势是弹性好。那我们就可以思考：

在什么情况下弹性的优势体现得最充分？运动比赛的时候。

那逆向思维，如何反面突出鞋的弹性好呢？比赛时禁止穿该鞋。

于是，文案可以粗糙构思如下：

致某百米跨栏运动员：刚做了个艰难的决定，从今起禁止穿S跑鞋参赛，因为这对其他选手不公平。

（4）场景

大漠孤烟直，长河落日圆。

这句诗把读者带进边疆沙漠，黄沙莽莽，不见草木，唯有落日孤烟。王维写诗极端地场景带入，我们读的是字，会的是景。

场景带入就像施了咒的魔法。

如果要给签字笔写文案，该怎么写？是不是要突出它墨多、耐写、不刮纸等优势？市场上的签字笔都这么标榜自己。晨光给了我们不一样的场景体验。

开学前一夜作业还差40厘米。

看到这条文案，读者心中不禁感慨万千。每次寒假都玩不够，开学前就是挑灯夜战疯狂补作业，字迹歪倒，油墨乌黑。

广告末，晨光续一条文案：

一个美好的学期说干就干。速干油墨，一写即干。

签字笔很多人用，但很少有人去体验它的优点，晨光文案中直接体现签字笔的使用场景，让顾客不由自主把自己代入文案提供的场景中，提供一个直观感受。

百度一下晨光寒假开学季的这组广告文案，产品都是签字笔，却设置了5个不同场景，都以感性的语言，引发顾客的共鸣。

前两天，马云的支付宝广告文案（见图3-10），也是这个套路。

图3-10　支付宝文案

"忘交电费，看球突然停电"。

"坐公交忘带零钱"。

用极少的字，构建出我们生活中经常会遇到的场景，给顾客一种身临其境的感觉。

文案编辑者要明白同一产品场景不同，传达到顾客耳朵的信息就不同。换句话说，当顾客遇到这样的场景想到的就是你的产品，无须思考，文案就是告诉顾客产品在何时用。

例如，新闻类App今日头条，出了一个"五毛钱"的文案，很有意思，我们来回顾一下。

今天男朋友陪，看今日头条。

今天车上好多人，看今日头条。

今天我等着行李，看今日头条。

文案词句直接简单，一度被网友说成是小学生式的文案。当你逛街的时候，当你在机场等行李的时候，当你坐地铁人多的时候，当你……看今日头条。这种文案不是犯傻，是将场景极致化，针对不同的场景和人群，用不同的文案，引人入胜，顾客就更容易买单。

大胆运用场景。

现在把手机的使用场景罗列出来，比如在火车站等火车、睡觉前逛逛淘宝、和队友一起玩"吃鸡"游戏、给同事传个文件……

描绘得细致一点，不要让顾客去动脑，动脑等于拒绝。让他看到文字就有画面感，通过对使用产品的想象，完成下单购买。

文案新手应注意，虽说使用场景很好，但使用时也不要贪。比如你卖一瓶洗发水，你给它设计了很多场景，能去屑、能顺滑、能防脱、能止痒等。你的产品看起来无所不能，但对于顾客来说，它也失去了特点。

2.关键点设置

关键点个数：1~3个。

第一个关键点：品牌名称。

在众多的产品里，能让顾客辨识的仍旧是名字。品牌名称或者产品名字，至少有一个一定要出现在文案里。

第二个关键点：好处。

广告文案最怕什么？

最怕雷同，最怕没人看，最怕顾客看了记不住。甩开竞争对手，区别于同类产品，就是把产品中别人没有的好处用一个事实说出来。在第一部分也提到过，好处不是单指产品有什么优势，而是站在顾客的角度，思考顾客能得到什么好处！

这一点，苏格兰广告教父奥格威曾经说过：你最重要的工作是承诺你的产品有什么好处。我国营销天才史玉柱也说过：产品广告的本质，是能给消费者带来什么好处。

用了你的产品，对顾客有什么好处？

瓜子二手车直卖网，没有中间商赚差价，车主多卖钱，买家少花钱。（见3-11）

图3-11　瓜子二手车文案

这条文案大家都很熟悉。很多专业文案编辑者评论说这条文案存在逻辑性错误，哪里没有中间商，瓜子平台就是中间商！

但对普通顾客来说，这条文案已经非常诱人了。将买卖双方得到的好处说得简单易懂，具有超级强大的传播力、销售力。

从市场这条黄金评判线来说，无疑，这就是一个卖货的好文案。

有一个化妆品的文案是：

法国进口，纯正天然。

现在，再来看这类文案，你觉得如何？该怎么做优化？

某某化妆品，让你不是看上去减龄，而是真的年轻5岁。

第三个关键点：免费。

文案中禁用极限用语，如国家级、世界级、最好、最大、史无前例等，乱用这些词直接会被罚20万~100万元。但"免费"不属于广告法中的禁用词汇。

例如，在京东上买洗发露，为了凑金额免运费又多挑了一个玩具，然而孩子基本不玩这个玩具。一个免费的快递，就引诱顾客买了一件根本无用的东西。抓住人人爱贪小便宜的心理，这就是免费的策略。

在营销策略中，很多商家都利用消费心理学中的免费模式，例如：

买方便面送个小碗。

买洗发露送个旅行装。

今日凡购家庭套餐或者"速8杯"套餐即可免费续杯啦！（某影城）

文案中出现免费一词，如免费赠送、免费品尝等，都能使产品变得非常受欢迎。

电商专业的学生做了一个校园微店，店招下写了这样一条文案：

下课急匆匆跑去小卖部？七号店全校范围内5分钟免费送达！

集场景、好处、具象化描述、短等元素为一体，这个文案值90分！

3.文案需要点故事感

下面说说最适合长文案的写作技巧——故事感。没人能抵挡得住一个会讲故事的产品，故事讲得好，卖货卖到爆。

原因很简单，故事让人感到真实，真实让人产生信任，而信任让人愿意掏钱买单。

故事=说服力。

我们来看一个案例，文案大师威廉·伯恩巴克为"甲壳虫"汽车写的文案。

我，麦克斯韦尔·斯内弗尔，趁清醒时发布以下遗嘱：给我那花钱如水的太太罗丝留下100美元和1本日历；我的儿子罗德内和维克多把我的每一枚5分币都花在时髦车和放荡女人身上，我给他们留下50美元的5分币；我的生意合伙人朵尔斯的座右铭是"花钱、花钱、花钱"，我什么也"不给、不给、不给"；其他的朋友和亲属从未理解1美元的价值，我留给他们1美元；最后是我的侄子哈罗德，他常说"省1分钱等于挣一分钱"，还说"哇，麦克斯韦尔叔叔，买一辆'甲壳虫'肯定很划算"，我决定把我1 000亿美元财产全部留给他！

文案252字，尖锐的遗嘱话题、反转的故事结局，因为可读性极强，让读者看到了最后，也看到"甲壳虫"悄无声息的软文植入。

我们不是文案大师，这样尖锐、扎心的文案写不出来，怎么办？

文案新手，这样写。

人物、时间、地点、情节、结果五要素不可少。

产品原料发现或技术发明的相关故事，与产品相关的某段典型故事，产品创始人的某段人生经历，均可。

写故事文案时，不要排斥口水话，不需要绚丽的写作技巧，从身边、生活下笔，增加一点想象力，平凡的故事依旧能带来很好的效果。

露露，26岁，健身3个月，甩掉25斤。（某健身会所）

故事感有了，是不是很简单？再来优化一下。

露露，26岁，2016年体重60公斤，绰号"胖妞"；2017年体重47公斤，人称"女神"。

后面一条文案内容更详尽，更有锐度，故事感更强，直击顾客的减肥痛点。

故事是一种聪明的写法，会讲故事者得人心。

4. "尽快购买"写法

算了，我再考虑考虑吧。

等下个月再买。

再去别家看看有没有卖的。

Oh，no！

顾客明明已动心，却在最后一刻放弃结账，让顾客掏钱成了消费中最难的一环。

商家都不想看到这样的结果，要想让顾客尽快购买，文案就得催。

第一招：羊群效应。

朋友圈里有一个非常接地气的卖玫瑰醋的文案是这么写的（见图3-12）：

图 3-12　卖玫瑰醋文案

全民玫瑰醋！代理和顾客们纷纷晒图自制玫瑰醋的过程，今年夏天成为"白瘦美"就靠它了。

"纷纷"一词神来之笔，顾客的本能反应是，这么多人买，东西肯定不错，物超所值。我也买瓶试试。

天猫"双十一"，京东"618"，不买点东西都感觉自己"亏了"。这就是羊群效应。

第二招：饥饿感。

又是这个卖玫瑰醋的文案（见图3-13、图3-14）。

图 3-13　卖玫瑰醋文案 1

图 3-14　卖玫瑰醋文案 2

榴总又上门抢货了，本来是留给自己零售的货都被她搜刮一空，感觉这节奏也太快了，隔几天就来搬次货。

家里大盒空仓了，临时开车去附近代理家搜刮了7大箱回来，为了大家年后不断货也是操碎了心。

两条文案共同的之处就是营造出产品即将售罄的紧张氛围，两条文案翻译成同一个意思就是：你看大家都在抢，快来抢呀，再不抢就没了。渴望拥有一个大家争抢的东西，是人类的本能之一。

当然，越细节的描述，越容易激发顾客内心的购买欲望，越容易建立顾客信任。

早几年的"小米为发烧而生"（见图3-15）就让很多发烧友很准、很好地"饿坏了"肚子，小米饥饿营销的结果就是站稳了市场。

图 3-15　小米文案

一头牛仅供六客（王品台塑牛排）

稀缺又珍贵，谁不喜欢？

图 3-16　王品台塑牛排文案

给顾客饥饿感，文案中出现现货少、再补货、空仓、限时限量、短缺、仅、节奏、发货量、无压力出货等词语会帮不少忙，与其他词句结合在一起，引导顾客欣然接受文案中的销售信息。

但"卖光了"三个字不要轻易使用，它就像一个谎话，会马上把顾客赶跑。

3.4

文案排版

1.文字

还记得前面提到的文案字数吗？文案写作第一原则是短。字数20字，甚至更少。

文案在图片上，既要让顾客看清图又要看清字，二者还不能相互克制。

文案就需要字数少，字号大。第一行不要超过10个字，占据屏幕十分之一就行；文案总共不要超过2行，如图3-17所示。

图 3-17　胭脂蜜脆桃文案

第一行："胭脂蜜脆桃"，5个字，大字标题。

第二行："一口又一口，脆甜留心头"，10个字，大小缩小为第一行字的30%~40%。

顾客随眼一瞟，不用费力，也不需要聚焦，就能将文字全部看完，保证你和顾客之间有效的销售对话。

标题型文案，两行，或横排、或竖排于图片上，横排位于顶部，竖排则位于左侧。

要是产品详情页文案，又该用多少字好呢？

顾客在每一个详情页停留的时间只有短短几秒，翻阅的页数通常在2~5页，心里已有购买意向的顾客会浏览5页，这个页数已是极限。

因此，详情页文案字数控制在顾客几秒就能看完。换句话说，就是两三眼，两三行，20~30字（见图3-18、图3-19）。

图 3-18　蜜脆桃详情页

图 3-19　蜜脆桃详情页

蜜脆桃的两张详情页字少，理解起来反而更容易、更轻松、更准确。

传统的详情页长文案已经跟不上移动电商的步伐了，如果有些产品知识性内容的介绍很多，那就在最后一张详情页里用整版文字进行说明，砍掉图片，让顾客进入阅读模式。

2.图片

文案的使命是将内容表达准确，图片的使命是吸引顾客注意，再厉害的文案都需要一张图片搭配，因为图片更直观、动人，更具说服力。

首先，由于手机屏幕都是竖屏，图片拍摄、制作时都应采用纵向构图（见图3-20），符合移动电商时代人们的浏览和划屏习惯。

人头马：一生，活出不止一生。

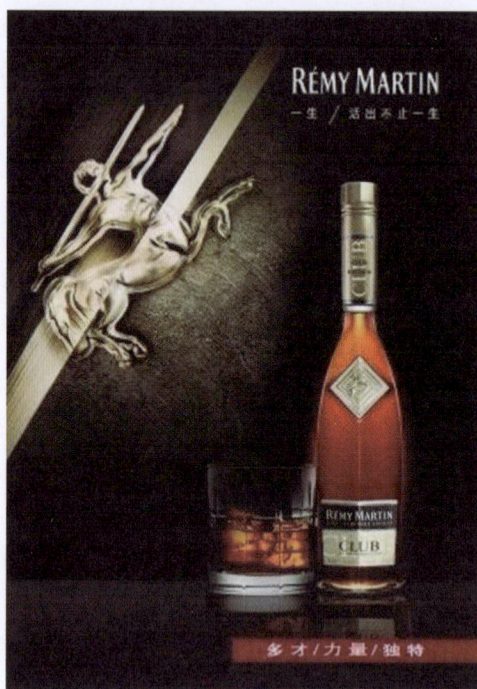

图 3-20　纵向构图

　　图片背景简单，用一屏突出酒的整体外观，只放一个主题，重点明了，看起来清爽又清楚。不论是理念图还是产品详情图，都必须坚定一屏一主题的道路。陈柱子在《竖屏思维》里说，同一个产品用3~4倍的面积去表达更能引起顾客注意，信息更丰富，送达率也更高。

　　其次，图片色彩要有明确的主色调，背景忌花哨，搭配应柔和不刺眼，可以纯色为主（见图3-21、图3-22）。

图 3-21

图 3-22

两款产品根据自身特点采用了不同的色调。第一款以明亮的撞色为主，第二款以白色为主，突出产品。

在平时的观察中，你有没有注意到一些国际大牌的图片，都是简约而不简单。

所以，总结起来，图片应：一屏一主题，背景清晰，产品元素突出。

3.排版

图片和文案排版分三种：上下分栏、左右分栏和中间型。

（1）上下分栏

手机端：一般采用上下分栏，如图3-23所示。

上下分栏的排版方式，字大、图大、空间大，即使瞄读一眼也能看清文案和介绍的产品。

图 3-23　上下分栏

（2）左右分栏

PC端：一般采用左右分栏的排版方式，如图3-24所示。

由于电脑屏幕是横向呈现，左右分栏可以做到图片、文案清晰。如果手机端采用左右分栏，夏威夷果比例将被压缩，只占屏幕1/6的大小，文案字体也将变小。

图 3-24　左右分栏

（3）中间型

中间型的排版方式对手机端和PC端来说都适合。

当你看到这张图片（见图3-25）时，第一眼就能注意到苹果mp3的文案。这种中间型排版在两种终端上都可以使用，它的文字占主导，对美工的审美要求比较高。

图 3-25　中间排版

比如图3-26的这张图片，底图为一大片叶子，毫无特别之处，极其普通，但加上文案后，一眼就聚焦到文字上。中间型排版让图片变得高级有格调，运用得当时再普通的照片也能变得特别。

图 3-26

3.5

注意事项

1.拒绝抄袭

这里的抄袭是指原封不动的抄袭别人的创意，或者简单粗暴地置换了其他产品文案中的产品名。每个产品的特点、优势不同，定位不同，单纯的复制粘贴，粘得了字却传不出意，顾客看起来不知所云。

玫瑰花茶有点甜。

这是某学校电商专业学生写的文案，一看就知道抄了"农夫山泉有点甜"。了解玫瑰花茶的人就知道这个文案跟产品一点儿都不搭边，全是生拉硬套的痕迹。

这种文案，写在草稿纸上作为练习无妨，但如果使用，会涉及版权问题，被人发现后，引起纠纷赔钱又损名誉。

写文案，不抄袭，可从模仿起步，模仿好词、好句、好段落、好神韵，将摘抄的文案进行再加工。

2.速成技巧

好文案唯一的速成技巧就是写、写、写。奥美创意总监陈国辉的金牌文案秘诀也是如此。

写

再写

继续写

不停写

喝杯咖啡，写

听首歌，再写

逛下淘宝，继续写

吃个晚饭，不停写

如此，重复、循环三五遍之后，或许会有一两句可以深化的文案；如果没有，继续重复以上步骤。

写文案，除了掌握技巧，更多的是练习。

3.别把文案当广告

文案没人看，是因为写的是广告呀！广告天生招人烦。写文案，先要打破思维的限制，别把文案当广告。

文案，把产品用一个事实说出来。

作业与练习

文案最重要的写作技巧同学们已经了解，现在一起和凤九来试一试吧。

1.文案写作的逻辑有哪些？

2.文案写作的窍门有什么？

3.请为玫瑰纯露写一条文案。（参考第2部分作业资料）

4.写一条介绍本校电子商务专业的文案。

第4部分
标题文案

【 学习目标 】

- 了解标题文案的作用;
- 掌握标题文案的写作技巧、优化技巧;
- 熟记标题中的违禁词和敏感词。

【 学习情境 】

  凤九和同学们都已掌握了文案的写作技巧,给学校写的电子商务专业的文案也可圈可点。但是给文案定个什么标题,能更吸引人,却成了凤九和同学们的烦恼。

4.1

标题文案的作用

广告教父奥格威曾说过："阅读标题的人数是阅读正文人数的5倍。除非你的标题能帮助你出售自己的产品，否则你就浪费了90%的金钱。"

此话千真万确。

有这样一个例子，用户在某公众号上看到一个标题："这个行为会让宝宝更容易醒，可能今天你还在做。"

由于用户的女儿睡觉不踏实，时常会醒会哭，当他看到这个标题时，就很容易被吸引，毫不犹豫点击了进去。

由此可知，广告文案的标题或者标题型文案就是为了吸引读者注意，然后促使读者阅读正文，进而形成交易。

需要提醒一下，除了要有好的标题，还需要有足够有价值内容的正文；否则，再好的标题也是浪费，促不成交易。

4.2

标题的写法

下面先来看一些例子：

①夏季室内污染升高20%！最科学的应对方法是这个……

②想让孩子更聪明？千万别错过这9大敏感期！

③把它从冰箱丢出去，肯定少生病！你家可能也做错了

④你用的护肤品为什么没效果？真相只有这一个

⑤比迪士尼更吸引我家娃的，是这里的网红亲子餐厅

⑥一条广告文案，如何卖出了100亿产品？

⑦有教养的人从不做这4件事

⑧如果双十一只能选5样东西，我选它们

⑨还在用毛巾洗脸？你是想毁了自己的脸吗

⑩35岁的孙俪还像个少女？这件事她坚持了12年

这10个标题，再反复看两遍。

它们有一些共同点：数字、设问、"这"。

1.运用数字

经营玫瑰花茶的某商家曾写过这样一个标题：这些人不适合喝玫瑰花茶。正文内容完结后，总感觉这个标题太简单，于是改为：这6类人不适合喝玫瑰花茶，99%的人都看了。

为什么加个6，因为"6类人"就比原来"这些人"要更清楚、更深入，顾客会思考自己在不在这6类人之中，万一自己是呢？点开看看。优化后的标题，焕然一新，更有吸引力。

好的标题与普通标题之间其实只相差了一个数据。

再如：我有10个职场经验，价值100万，但今天免费。

2.设问

设计疑问句、反问句都可以，例如可以使用如何、怎么、为什么、难道、什么、究竟、能不能等词。

东莞胶水哥1天内卖掉1 000斤荔枝，他是怎么做到的？

《三生三世》四海八荒的众仙，为何都忌惮白浅？难道是因为娘家人？

将设问作为标题，比较常见也特别管用，不管是营销软文还是热门新闻，都爱用这种标题。设问能吊顾客、读者胃口，引起他们的好奇，进而对内容产生兴趣。例如：

那些皮肤看起来很好的人，究竟用了什么？

3.使用代词

在文案中可适当使用一些代词，如"这""这个""这种"等。

那些最棒的亲子照片，原来都是这么拍出来的！

教育部出手了！有这些行为的学生，将开除学籍！

代词在文案中的作用，就是当顾客有什么问题、烦恼时，告诉顾客解决方法，顾客自然特别感兴趣。例如：

让娃爱上洗手、爱上吃蔬菜的神奇绘本，原来这么好玩！

4.3

NO.3

标题中的常见问题

1.严禁使用最高级用词

禁止使用如最高、最低、最好、最大、最佳、最高级、最便宜、最新、最先进、最新技术、最受欢迎等绝对性和夸大用语。

意思相同或近似的绝对化用语也严禁使用。

2.严禁使用无法判断真假的词

禁止使用如资深、永久、独一无二、国际品质、高档、国家级、世界领先等无法考证的词语。

3.严禁使用绝对值

禁止使用如100%、绝对、大牌、顶级、万能、超赚、极致、独家、史无前例、全国×大品牌之一等词语。

🔍 小提示：

有关禁用词的具体内容可以参考广告法，里面写得明明白白。

4.违法的文案不能写

涉及黄、赌、毒的文案不能写，违反国家安全和利益的文案也绝对不能写。

4.4

优化文案标题

同质化产品越来越多，同类软文比比皆是，标题的好坏直接决定产品的流量。

首先，写标题要对自己心态进行优化，不要指望一遍定案，标题文案写作的正确态度应是反复修改。

其次，要对标题进行反复优化。

下面对"7页的PPT教你秒懂互联网文案"这个标题进行优化。

第一步优化：7页PPT教你秒懂互联网文案。

删减表达中无关的字、词、句，让标题文案更加直接明了。第一步优化后，标题已经变得言简意赅，但总觉得冲击力不够，需要进行二次优化。

第二步优化：月薪3千与月薪3万的文案，差别究竟在哪里？

单独一个7页PPT说短不短，说长不长，读之无味。月薪3千和月薪3万就是一个很好的对比，能勾起读者好奇心，暗示文内有"干货"，可以借鉴。不得不说，改后的标题确实更具吸引力。

再强调一次，标题写作没有捷径，多写多练，方法对了，写得慢也是快。

再次，在标题写完、修改完成后，不要着急用，放到如图4-1所示的表格中，发给身边的人或朋友，让他们挑选出三个感兴趣的标题。如果这三个标题中有你写的，那么，恭喜你，此标题可以用了。

半个月瘦10斤，我都经历了什么？	有这类朋友，帮他一次，等于插你十刀！	万万没想到，这样吃鸡蛋对身体竟然有害处！
如果你读不完一本书至少可以读完这十句话吧！	【在这写下你的标题】	为什么你学不好数学，这就是原因！
如何一年快速赚到100万？秘诀原来是这样！	25岁小伙突然没了心跳，他的习惯很多年轻人都有……	她的素颜照引爆了10 000＋的评论，于是她决定这样做……

图 4-1　标题

拓展阅读

各行业经典标题欣赏

1. 2元戒指、3元耳环、7元项链！这些淘宝店铺是疯了吗？
2. 你的洗面奶上黑名单了吗？第一款一用就烂脸！
3. OMG！这些耳饰被人问了10 000次链接！
4. 挂几块砖头就能发电，这个简单的发明让15亿人受益！
5. 女人觉得漂亮的10个爆款，在男人眼中却是这样……
6. 别再每天早晨只知道喝牛奶，喝这些更有营养。
7. 这样说话的人，不要深交！
8. 月薪7千的小夫妻，如何存下600万？
9. 两种方法，让菜鸟轻松学会包粽子！
10. 徐克教你如何写影评，月入6万块！
11. 看懂这些后，你再决定买什么样的越野车吧！
12. 换发型=换脸？这几个发型比整容还牛！
13. 25岁小伙突然没了心跳，他的习惯很多年轻人都有。
14. 韩国妹子卸妆后！网友全都震惊了！
15. 公安提醒:手机突然没信号，千万别不当回事！

16.这件巨丑的外套火了？半个娱乐圈都在穿！

17.这10款国货好用到哭，我要回购一辈子！

18.如果你不想让自己越来越丑，那就必须要补充这个！

19.超全网红奶茶点单攻略，这10款超好喝！

20.马云最吓人的13句话，真不是常人所能读懂的！

21.微信上这3个功能，知道的人少之又少。

22.两天时间，三篇文章十万多阅读量，他们是这样做的！

23.微商常用的21个神级洗脑文案，看完先笑后哭，赶紧收藏！

24.终于知道为何飞机起降前要打开遮光板！

25.自从车头装了这个东西，再也没遇见过"远光狗"！

26.国内唯一敢媲美九寨沟的地方，却低调得让人心疼。

27.外地人快把郑州人羡慕死了，就因为这10件事……

28.它是开在树上的"荷花"，很多人只知观赏却不知其药效。

29.这才是去凤凰古城旅行最正确的打开方式，超美够全！

30.吓人，史上最毒的蔬菜，遇见了千万别吃！

31.写原创文章的秘籍，千万别传出去，阅完即焚！

32.科学家表明，原来看一个人的肾好不好，看舌头就知道！

33.这10种常见病，其实绝大部分不用治！我竟然现在才知道。

34.孩子吃奶粉的7大禁忌，一定不能越雷池一步！当爸妈的赶紧收藏。

35.这么带娃，娃就毁了，赶紧改正，为时不晚！

36.仅需10分钟，让你轻松学会微信排版！

37.工厂店挖宝！买到白菜价的高档羽绒服，带链接！

38.易瘦体质居然可以吃出来？吃对了也能瘦一圈。

39.人是活给自己看的，别奢望人人都懂你。

40.他粉丝有23万，却主动要求粉丝取消关注。

41.科学家终于发现了在17天内看上去更年轻的新方法！

42.警告：不要聘请任何装修公司直到你听完这个。

43.家具店的超低价格可能被视为"不公平"竞争。

44.网红们穿什么，拍出来都是美炸！事实上呢，你穿上可能气炸！

45.你在英语中也会犯这些错误吗？

46.一定不要接受含有这两个词语的房地产词语。

47.食物是你最好的药！

48.你是否做过这10件让人难以忘记的事？

49.看完这些照片，瞬间不想上班了！

50.2020早春最火流行色来了，千万别穿！会上瘾！

作业与练习

同学们已经了解标题写作的技巧，现在一起和凤九来练一练吧。

1.标题的写法有_____、_____、_____。

2.判断题：写文案时为了突出产品的优势，可以使用"最好"。（　　　）

3.请为玫瑰纯露的使用方法写三个标题。

第5部分
平台文案

【学习目标】

- 了解网店文案的要点;
- 掌握"双微"文案写作技巧;
- 在微信朋友圈、微博发布自己写作的文案并进行测验。

【学习情境】

　　掌握文案写作技巧后,凤九总感觉自己对这些方法运用起来不是特别熟练,于是,她决定到微信、微博里去实践一下。

5.1

网店文案

下面来聚焦四类典型的网店文案：商品标题、轮播文案、详情文案、主图文案。

1.商品标题

前面所讲的文案标题并不是这里的商品标题，它们是两回事。

很多人说商品标题是基于SEO、顾客搜索量和覆盖率来的，这话不假。SEO优化在网店推广和运营里是一个极其专业又难处理的东西，但它有自己的优点：

第一，它是免费的！

第二，它能带来很多自然流量！

下面来看6组淘宝店的商品标题案例。

轻薄羽绒服女2019新款短款立领连帽时尚修身秋冬大码外套韩版促销（见图5-1）

图 5-1　轻薄羽绒服

纯色连帽卫衣男女嘻哈套头开衫春秋休闲运动上衣宽松纯棉长袖外套（见图5-2）

图 5-2　纯色连帽卫衣

［12期免息］Huawei/华为Mate 30 5G麒麟990超感光徕卡三摄5G智能手机mate305g官方旗舰店（见图5-3）

图 5-3　华为 Mate 30

小麻花网红小吃零食美食小袋装零食充饥夜宵休闲食品饼干整箱（见图5-4）

图 5-4　小麻花

宝洁海飞丝丝质去屑洗发水液露止痒控油洗头水膏500*3王一博款（见图5-5）

图 5-5　海飞丝洗发水

卧室窗帘遮光飘窗客厅免打孔安装全遮光北欧简约窗帘遮阳布网红款（见图5-6）

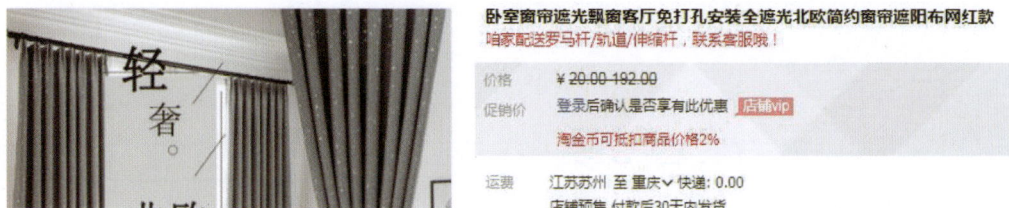

图 5-6　卧室窗帘

　　如果细心看，会发现6个案例包括了人们日常生活中最常见的商品大类。那么，它们的标题有什么共同点？

　　①60个字符。

　　②词的组合：属性+商品名+卖点+规格+……

　　③核心关键词放首尾。

　　这些只是最简单、最基础的技巧。在属性、商品名、卖点、规格等关键词中，什么样的词才是顾客喜欢搜索的，也是淘宝机制喜欢的呢？下面先来查找与分析关键词。

（1）搜索下拉框查找

打开淘宝网站（见图5-7），在搜索框中输入商品名称或者关键词，如"外套"，下拉框里会出现外套女、外套女冬、外套男、外套女秋冬百搭、外套男秋冬、外套男冬季、外套男韩版韩流、外套女ins潮冬、外套女冬短款、外套女2019新款潮10个词。这10个词语是淘宝大数据根据客户搜索量分析来展现的，目的是帮助顾客更快、更精准地匹配产品。标题取名就应参考这些词。

图5-7 打开淘宝搜索下拉框

制作一个表格（见表5-1），把相关的关键词记录下来。

表5-1 关键词收集表

关键词收集						
序号	产品	关键词1	关键词2	关键词3	关键词4	关键词5	关键词…
1	外套	外套女	外套女冬	外套男	外套女秋冬百搭	外套男秋冬	
2	连衣裙	连衣裙女秋冬	连衣裙冬暖	连衣裙2019新款秋	连衣裙夏	连衣裙2019秋款新	

课内阅读

关键词类型

● 类目关键词：是指商品品类，如碎花连衣裙属于连衣裙、华为Mate30属于手机、羊绒衫属于女装、公仔属于毛绒玩具等。

● 属性关键词：介绍商品类别、规格、功能等基础情况的字或词，如休闲、瘦身、修腰、大码等。

● 营销关键词：有利于营销方面的字或词，如包邮、特价、秒杀、双十一特卖、清仓、折扣、甩卖、正品等。

● 意向性关键词：顾客在淘宝上根据自己购买意向而输入的关键字。比如冬天到了，爱美的女同胞们想购买些防寒衣物，可能是一件漂亮的外套，也可能是裤子，还可能是手套、围巾、鞋袜等。但具体要买什么，她自己也不清楚，这类关键字就被称为意向性关键词，如加厚羊绒衫、小码女装、李宁跑步鞋等。

● 品牌关键词：商品本身的品牌和店铺品牌关键词等。

（2）淘数据查询

另一个常见的分析工具是淘数据（见图5-8）。

图 5-8　淘数据

淘数据能提供各个类目最近7天的淘宝热搜词排行榜，并提供相关词语的查询功能。例如在淘数据搜索"宠物"，最近7天的行业热搜词前八位分别是狗狗、宠物狗、宠物犬、宠物狗狗、幼犬、哈士奇、柴犬、拉布拉多。

🔍 小贴士

使用淘数据查到的关键词也应保存在Excel表中待用。

只有当自己设置的标题最接近于顾客搜索词时商品才会在搜索中排名靠前，才有可能出现在顾客的眼前。

把关键词Excel表中收藏好的词语按照搜索量由高到低排序，去掉重复的，留下最有价值的，再开始组合关键词。

不同组合的关键词带来的效果和流量是不一样的。那么，我们应该怎样排列组合关键词呢？先来看看下面这个公式。

标题组合公式：品牌关键词＋营销关键词+意向性关键词+属性卖点词+类目关键词

| 类目关键词 | 属性关键词 | 意向关键词 |

例1：羽绒棉服、学生、女、中长款、2019新款、宽松、ins棉衣、bf棉袄、外套、爆款、面包服

| 类目关键词 | 营销关键词 | 类目关键词 |

| 品牌关键词 | 营销关键词 | 类目关键词 | 属性关键词 |

例2：良品铺子、年货、坚果大礼包、每日坚果、混合干果、零食、整箱装、送礼礼盒

| 意向关键词 |

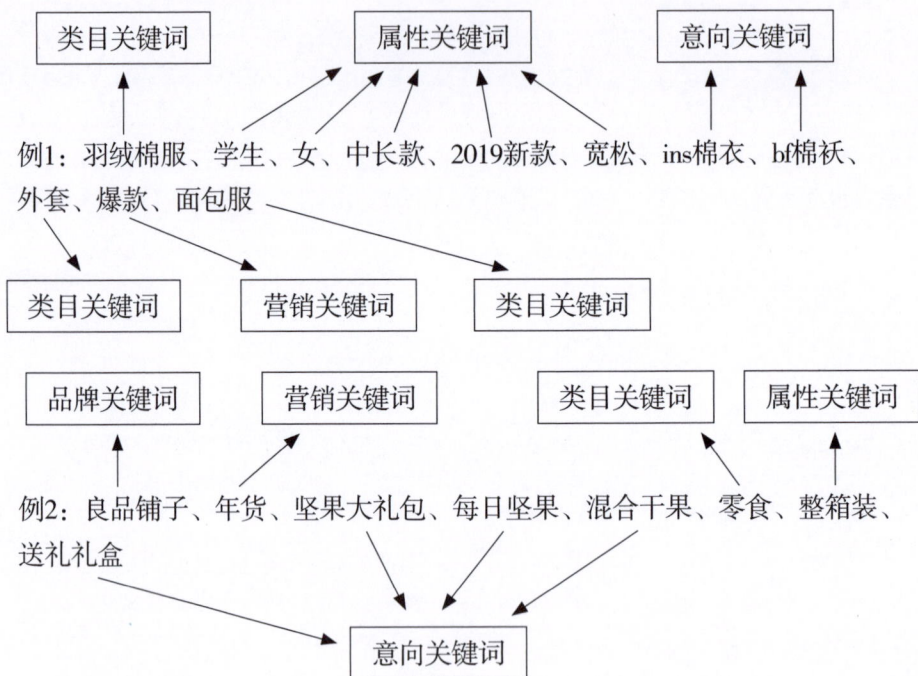

关键词的种类比较多，甚至某一类关键词出现了好几个具体的词语。不用纠结这些词语的位置顺序，一般把属性关键词放中间，把品牌、类目关键词放首尾。

一个固定的标题是没法在瞬息万变的淘宝市场中存活的，当你会根据商品上下架的时间、淘宝雷同标题的多少来做适时调整时，那么你的标题优化技巧就相当不错了。

2.轮播图文案要点

轮播图文案不需要高超的技巧，不需要华丽的文采，也不用绞尽脑汁，只需要记住以下几点，就能表达得流畅又准确。

- 活动主题；
- 带形容词的产品名；
- 卖点；
- 一句话广告；
- 促销活动。

下面是一款家纺的轮播图（见图5-9），看它是怎么来设计文案的？

图中的中文、英文、文案一大片，没有主次之分，顾客的眼睛很难聚焦到文案上，整个画面给人一种廉价的感觉。在网店中这样的图很难留住顾客，连图都看不下去了就更别谈文案。

再看一款取暖器的轮播（见图5-10）。

所有人都看到了"功率大、江油式加热"8个字，卖点传递一目了然。价格、产品信息传递到位，页面清爽，图不掩字、字不挡图，看到了图也看到了字，轻松又愉悦。这样的轮播文案符合目前电商市场的需求，能帮助提升销售转化。

图 5-9　家纺轮播图

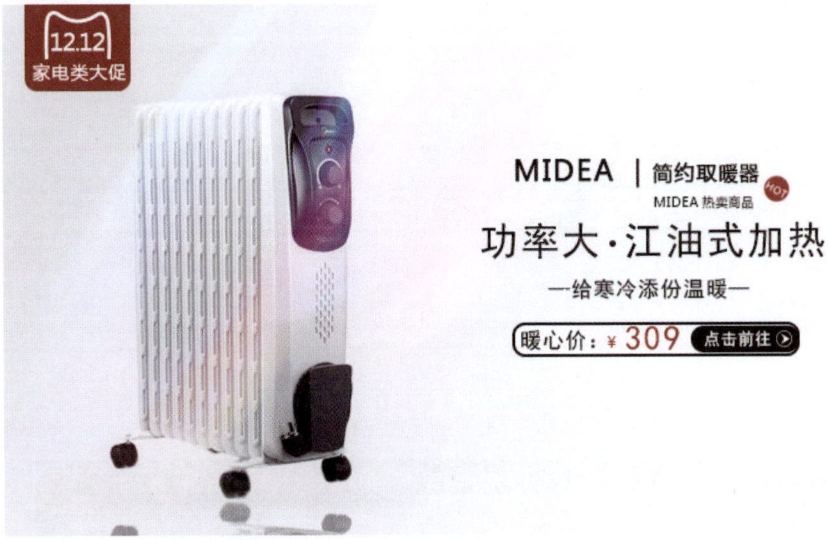

图 5-10　取暖器轮播图

一家淘宝店的轮播图张数应设置在3~4张，微店应设置在2~3张。每张轮播活动主题统一，文案表达方式上保持一致，风格统一，前后呼应。

例1：某化妆品店的4张轮播（见图5-11—图5-14）。

图 5-11　化妆品店轮播 1

图 5-12　化妆品店轮播 2

图 5-13　化妆品店轮播 3

图 5-14　化妆品店轮播 4

例2：某汽车用品店4张轮播（见图5-15—图5-18）。

图 5-15　汽车用品店轮播 1

图 5-16　汽车用品店轮播 2

图 5-17　汽车用品店轮播 3

图 5-18　汽车用品店轮播 4

3.商品详情页文案

商品详情页承载了商品参数、特点、功能、细节等信息的介绍和展示，会涉及很多商品知识性的内容。这就注定了商品详情页的长度长、文案字数多。

那么问题来了，文案要做到多而不乱且有价值，该怎么办？

模块细分！做到精准针对商品的某个点去表达。

商品详情页从上往下的结构为：

排头海报→商品信息→特点→卖点→细节展示→售后说明。

（1）排头海报文案

首先应选择产品正面的、整体的或含场景的图（见图5-19—图5-21）。文案为一句话广告或者是店铺活动介绍。如是店铺活动介绍，应包括活动主题、优惠力度、活动时间等。

某牛肉干号称"一箱带走约20袋牛肉干 可嗨吃3周左右"

图 5-19　牛肉干海报

某保养品"胶原低聚肽蓝莓果饮"

图 5-20　蓝莓果饮海报

某店铺"中秋团圆季 活动期间享双重优惠"

图 5-21　天猫中秋节海报

在排头海报的文案写作上应直奔主题，采用最直接易懂的语言，不深奥复杂，不让顾客去二次翻译。多采用大图、大字的排版，少即是多。

（2）商品信息文案

生活中常见的产品类别，有服装、电器、食品、百货、美妆、箱包等。不管什么产品，从产品的品牌、型号、产地、材质、成分、颜色、尺寸、功效、风格、适用人群、规格、保存日期、保存方式、年份、季节等属性中去选择6~8点，按产品的事实情况来选择，用事实说话，切记不可夸大。

例如牙刷（见图5-22）一般会选名称、型号、规格、颜色、毛束强度、适用人群等属性；鞋子（见图5-23）一般会选名称、面料材质、鞋底材质、内里材质、跟高、颜色等属性。

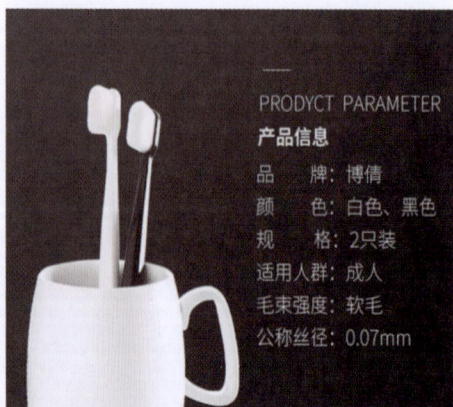

图 5-22　牙刷信息

图 5-23　鞋子信息

所以，产品不同则信息不同，选择跟商品最贴切的6~8点信息，这需要依靠文案编辑者和美工加工的共同努力。

（3）特点与卖点文案

客户无法真实触摸和感受产品，只能通过图片来感受。你的产品怎么能从万千产品中脱颖而出，打动顾客，商品详情页的特点和卖点就需要最大程度（最大程度不意味着最多）地描述产品价值，告诉顾客这款产品的什么特点是其他产品所没有的，买了它能得到什么好处或是解决什么问题。

写文案前，应在淘宝或者京东等电商平台上查看同类型产品的评价，特别是中、差评。

下面来看看某手机壳的详情页文案。在调研了同类手机壳收到的中、差评大多是嫌手机壳太硬、容易脏、卡位不准、和想象不一样之类的话。那么可以把我们的产品卖点写成"弹力十足、全面保护""随意揉捏、高回弹、拆卸不伤机""防污去油渍、可水洗""强力防刮、防指纹""真机实测、精准匹配每个独立孔位"等（见图5-24）。

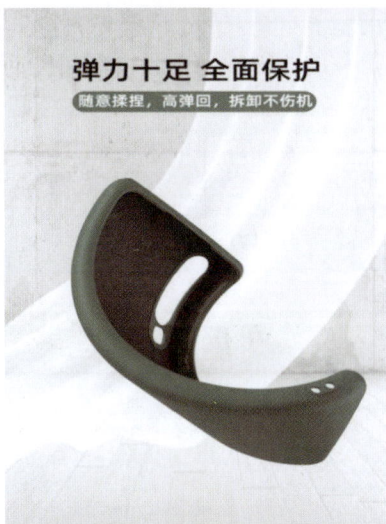

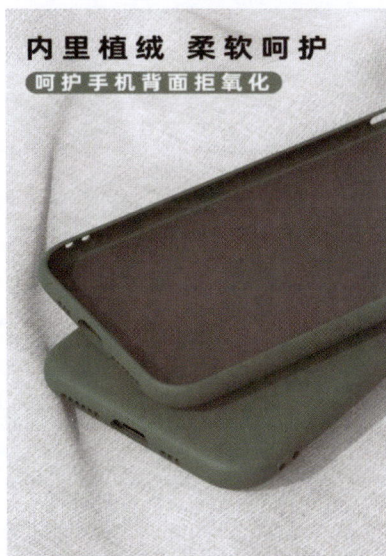

真机实测
精准匹配每个独立孔位

亲肤手感
一触难忘记爱上它

图 5-24　手机壳详情页文案

一个手机壳详情页的文案巧妙地将顾客对产品的心理预期往产品的特点和卖点上引导，达到正面的营销效果。

结合产品定位，详情页还可以突出功能卖点、款式卖点、价格卖点、用户体验卖点或服务卖点等。每类产品、每款产品需要突出的点相差很大。

再比如这款太阳镜（见图5-25、图5-26），详情页中有一句文案非常出彩。

零度偏光 佩戴不会出现头晕现象。

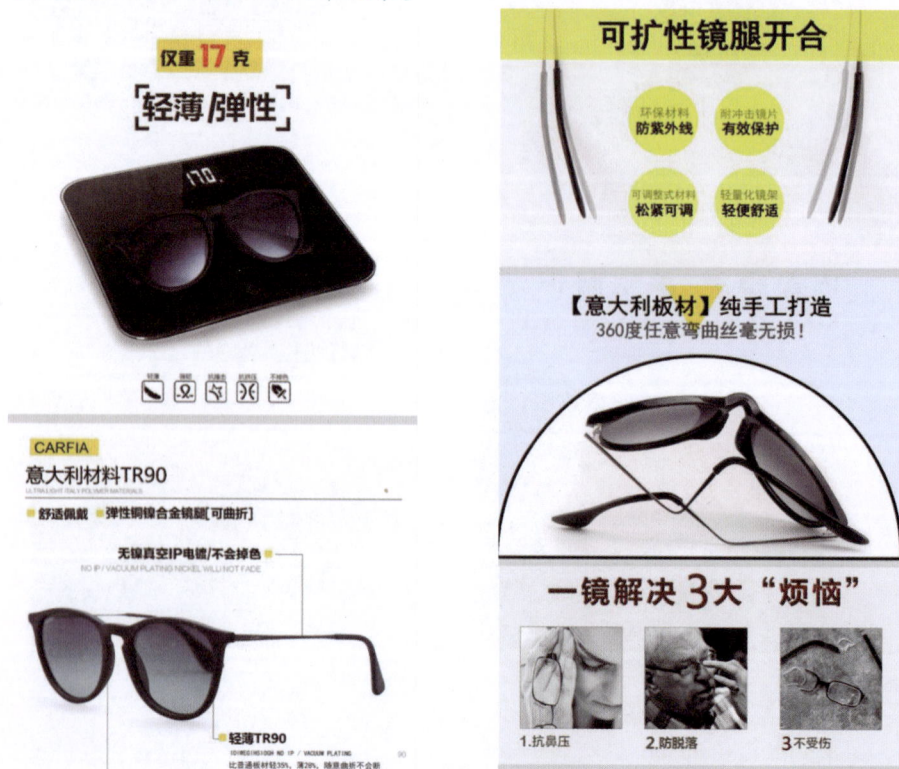

图 5-25　太阳镜详情页

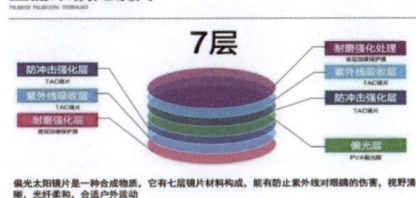

图 5-26　太阳镜详情页

文案上把消费者的需求和产品卖点相结合，语言表达上通俗易懂。如果这个客户刚好有头晕症状，他就会直接掏腰包下单。

（4）细节文案

在促成客户下单上，细节是一大帮手，大部分客户除了看评价、看信誉，还有就是看细节。下面先来看看女装（见图5-27—图5-29）的细节文案怎么写。

肩部细节：

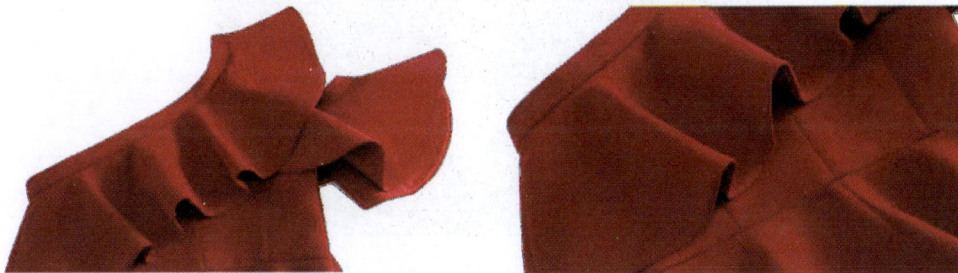

图 5-27　女装细节

经典的斜肩设计，简单大方，时尚百搭。

斜肩设计舒适不紧绷，穿脱方便。

斜肩荷叶边设计，美丽大方，非常百搭。

肩部时尚的露肩设计，彰显你的仙女气质。

斜肩设计，荷叶边礼服，助您成为全场焦点。

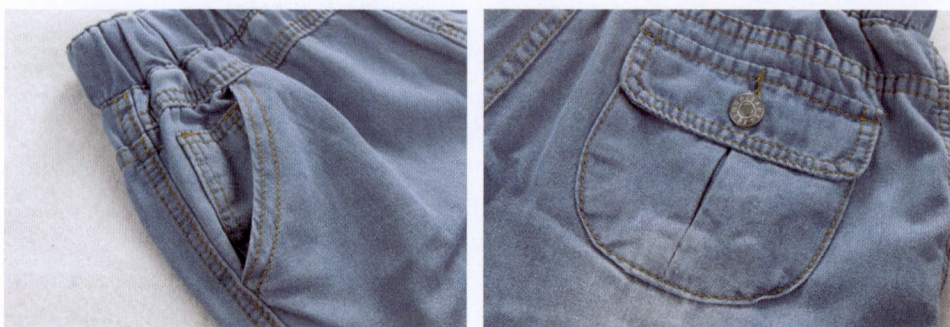

图 5-28　裤包细节

口袋细节：

侧缝的口袋，半圆状的袋口，方便插手！

半圆的口袋设计增加了衣服整体的俏皮活力感！

背部大口袋，银色金属扣，有质感。

双边口袋设计，将休闲范演绎极致。

倾斜的口袋设计，冬天将手插进口袋，保暖舒适。

图 5-29　图案细节

图案细节：

个性的蕾丝印花，可爱中流露小性感。

经典工艺制作图案，美观时尚。

大气蕾丝印花，给人与众不同的感觉。

蕾丝面料，手感舒适柔软。

精美蕾丝，优雅气质。

3组题材的细节写作都回归了传统的技术语言，文绉绉，采用形容词堆砌。学习完前面的章节，是不是发现这种文案难度最低？

详情页的细节在排版上采用大图小字，图主字辅，让产品细节直接展示出来（见图5-30）。

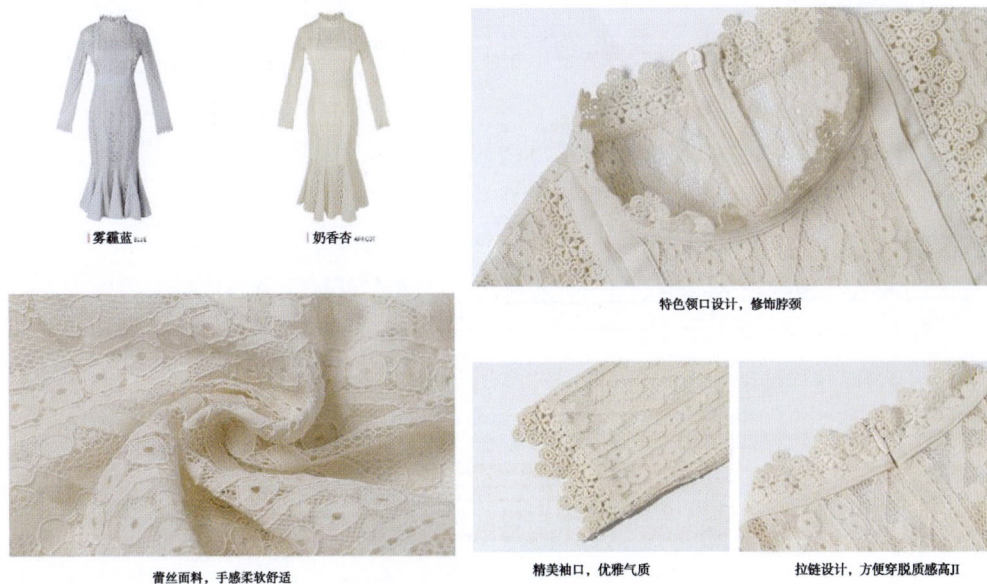

图 5-30 连衣裙详情页

课堂小练习

为下面的面包（见图5-31）和裤子（见图5-32）写作5条细节文案。

图 5-31 面包

图 5-32 裤子

（5）售后说明

一千个人眼中有一千个哈姆雷特，一件商品在A顾客眼中可能是完美的，但是B顾客就觉得有瑕疵，因此产品的售后服务很重要。那售后服务的文案怎么写？用多少字为宜呢？

退换货、质保、发货说明是顾客在售后版块中关注度最高的三大问题，可以帮助购物中的顾客打消后顾之忧。

退换货文案：

本店商品支持×天无理由退换货（定制商品除外），免费赠送运费险。

质保文案：

×年质量保修，如遇质量问题免费包邮保修（人为损坏的修理费用自理）。

发货说明：

付款后×小时内发货，快递默认××快递，有特殊需求请与客服联系。

部分顾客只关心产品价格，不关心售后服务，但不管顾客是否注重，售后说明仍旧是一个店铺优质服务的体现。

售后可以这样展现（见图5-33）。

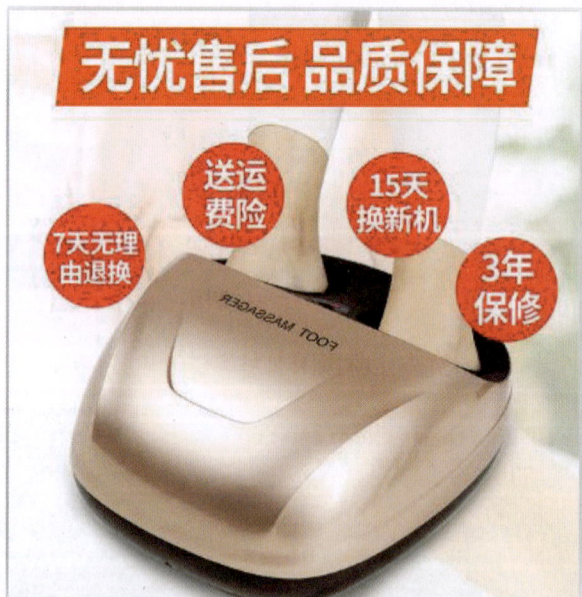

图5-33　售后1

也可以这样（见图5-34）。

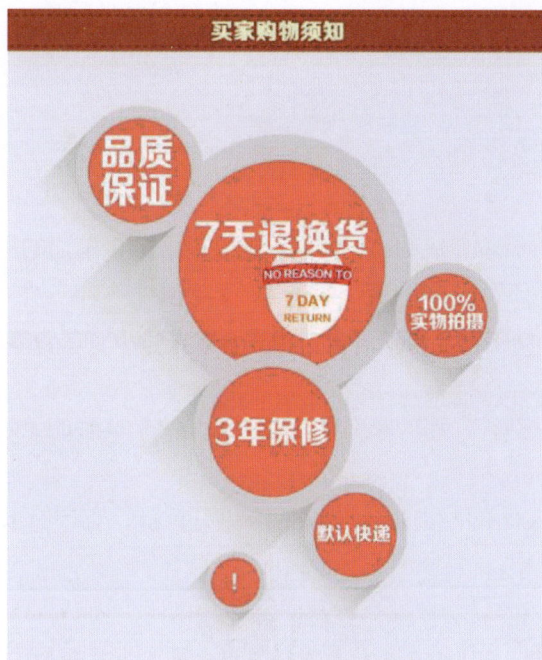

图 5-34　售后 2

还可以这样（见图5-35）。

图 5-35　售后 3

售后说明除了图片模式展示外，还可以在店铺装修中，宝贝详情页后面添加自定义模版。

4.主图文案

什么是主图？

我们把淘宝搜索页展示看成超市的货架，摆在架子上最前面的那个商品就是主图，是商品最重要的展示窗口。主图决定了点击率。

主图的图文设计非常重要，应包含产品的Logo、价格、卖点。卖点文案依旧是讲产品的价值和优点。

如图5-36所示，"鲜榨，您的家庭营养师"，是一个典型的无效文案，用户无法准确了解产品的优点。

图5-37是前一个文案的改进版，"10秒出汁更新鲜"直接给出产品优点，简单，不废话。

图 5-36　榨汁机主图　　　　　　　　图 5-37　榨汁机优化主图

当然市场不同，产品不同，顾客关心的点就不一样，例如下面这个产品（见图5-38）。

家用炒酸奶机，经过分析会发现这个产品的文案针对的阅读对象是宝妈。宝妈们购买酸奶机亲手制作炒酸奶给孩子吃，在这个需求下她们更关注产品的质量安全。

产品图一样的两个产品，左边是低价让利诱惑；右边则强调"好货不便宜，真正食品级"。结合宝妈们的需求，显然右边的文案更具说服力，即使价格相差好几倍，也卖得更好！

结论：主图文案应讲述产品最大的一个优点，遵循一针见血的原则。

图 5-38　酸奶机主图

5.2

微信文案

在微商销售中，销售的产品品种有时差异很大，这是因为文案才是微商的第一产品，店主的人品是第二产品，卖货只是结果。

1.切入点

微信朋友圈的文案应该像一个"连续剧"、一本"小说"或者记录你人生轨迹的"日记本"。有前有后，有始有终。

例如，可以记录下你的整个销售过程：进货——出货——发货；接单——收款——回访——反馈。这就叫有始有终，持续做这一件事更容易让人信服。

微信私密性强，都是朋友、熟人、关系到位的陌生人，所以，朋友圈的文案禁止复制粘贴，禁止刷屏广告、禁止"毒鸡汤"。

朋友圈文案应从生活切入（见图5-39），顾客关注你，一定不是关注你的广告，而是关注你的生活，将产品与自己的生活、事业与思维等融入在一起。

图 5-39　朋友圈文案

2.朋友圈文案的写作技巧

文案内容很多，如：客户见证、订单收款、发货情况、产品预热、产品介绍、话题互动等。

朋友圈一定要有关于客户见证的证言式文案（见图5-40），原因是让顾客知道你的产品不仅有人用，而且有人说好。这种文案，就写顾客反馈的话，甚至不需要任何修改。

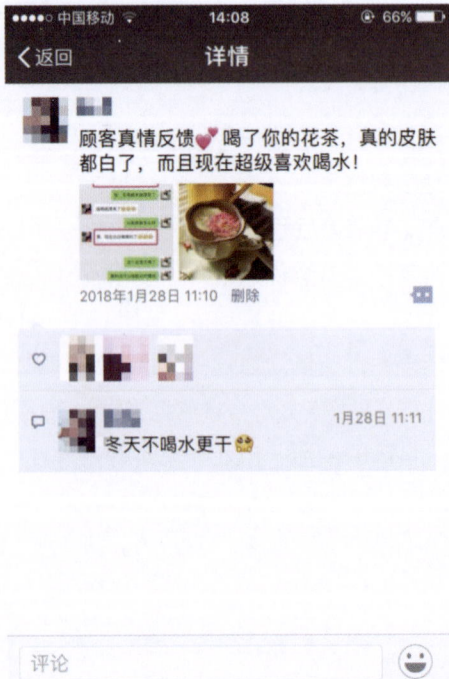

图 5-40　客户反馈文案

某玫瑰花茶：“顾客真情反馈，喝了你的花茶，真的皮肤都白了，而且现在超级喜欢喝水”。没有自卖自夸，让产品的价值从顾客嘴巴里说出来，更有说服力。

朋友圈文案字数要求一屏能显示完，不需要太华丽的技巧，只要跟生活相关就有人看，有人点赞。

记住，文案要前后连贯，且一定要足够真实，顾客信任你，才会为你买单。

3.发布时间

很多微商不仔细斟酌文案，也不研究文案发布时间，日复一日无休止地生硬刷屏，卖力发朋友圈但销量为0。

朋友圈文案每天的最佳条数为：5~8条，每条间隔至少40分钟以上。

一天中有3个黄金时间段，分别是早上7:30—9:00，中午11：30—13：00，晚上20:00—23:00。为什么说是黄金时间呢？因为这是大家休息、玩手机，刷朋友圈的时间。

在黄金时间发布黄金内容，再加上文案的内容，依次可以是分享自己生活、订单收款、打包发货、顾客反馈这样一个基本流程，见表5-2。

表5-2　朋友圈发布安排表

时　间	内容安排
7:30—9:00	早安问候、早餐、工作/学习准备……
9:00—11:30	产品介绍、产品功效、产品促销活动……
11:30—13:00	订单、收款、顾客反馈、打包、发货……
14:00—15:00	下午茶、产品小知识、互动……
15:00—17:00	热门事件、生活情况、进货情况……
18:00—20:00	订单、收款、顾客反馈、打包、发货、物流信息……
20:00—23:00	订单、收款、晚间培训、学习、总结、晚安……

除了文案，配图也很重要。

微信朋友圈配图一般为：1、2、3、4、6、9张，排版整齐，不缺角，看着舒服。图片可借助美图秀秀、微商水印、简拼、Snapseed等软件处理一下，更显用心。

5.3

NO.3

微信公众号推文

追求标题吸引、阅读量高，是公众号推文长期以来的目标。根据前面介绍的标题写作就已经能让顾客点进你的推文。

但是，现实并不美好，绝大多数时候并不是顾客点了标题进入就会认真看你的推文。这就像你做了一桌子大鱼大肉，色香味俱全，但人家就是不动筷子。所以，这出戏还必须让推文来当主角。

1.推文开头

推文标题第一重要，开头第二重要。

很多文章会告诉你，推文开头可以描述痛点、制造悬念、放金句名言、用固定风格、引入事件、讲故事、讲现象等。这些说得都对，不论采用哪种方式来开头，都是为了争夺顾客注意，引诱顾客继续往下读（见图5-41）。

姐妹们晚上好呀，这里是每天21:30准时和你们见面的奈奈。

前几天奈奈在网上冲浪的时候，发现具惠善又又又上了热搜，欧尼的状态还是很不错的，就是这个发型和发际线……emmmm，老实说有点显年纪和脸大。

这是一个推荐美妆和护肤品的公众号，此篇推文的阅读量在3万左右。

开头独立成段，内容上结合热点。女明星状态好，但就是这个发型和发际线，很多人尤其是女性这时就会打个问号：什么发型？设置悬念！

答案则放在推文的中间。

年糕妈妈公众号的推文（见图5-42）阅读量在6.7万左右。开头写道文末有礼物，什么礼物？留悬念。

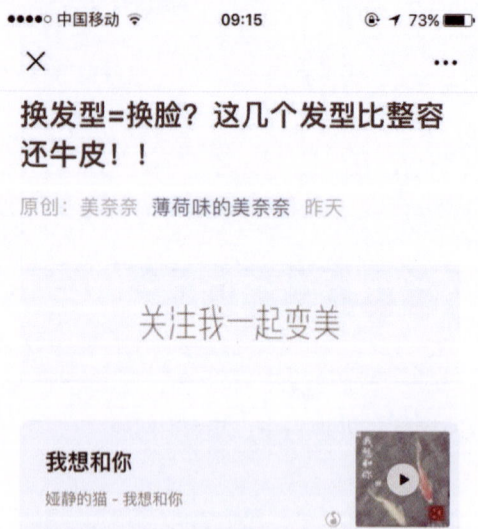

图 5-41　美奈奈公众号推文　　　　图 5-42　年糕妈妈公众号推文

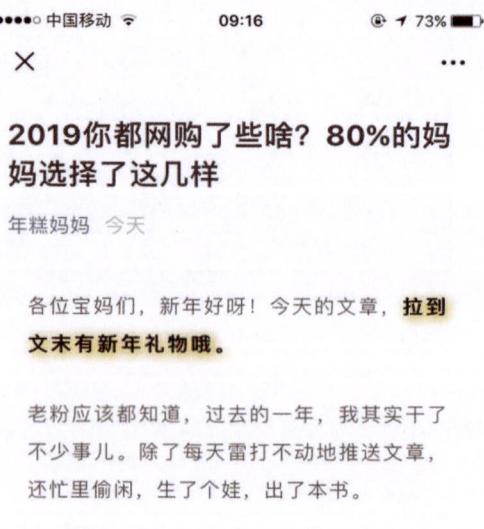

然后讲述自己经历的事，像面对一个具体的人娓娓道来。自述式描写淡化广告感，阅读理解都轻松。

各位宝妈们，新年好呀！今天的文章，拉到文末有新年礼物哦。

老粉应该都知道，过去的一年，我其实干了不少事儿。除了每天雷打不动地推送文章，还忙里偷闲，生了个娃，出了本书。

除了坚持科普，在买买买这条路上，我们也下了不少工夫……

对我们而言，这两篇推文的阅读量已经是一个非常不错的数字。我们再来看一个相反的例子（见图5-43）。

图 5-43　The Green Party 公众号推文

成都群光广场1月1日盛大开业！

一个倡导绿色、自然的家居品牌，为您打造全新体验式家居生活购物馆！

这是一个家居品牌的公众号，阅读量仅在400多，顾客一看开头就直接跑掉了。明显是犯了文案写作大忌。如果我们改一下：

我要告诉你一个故事，如果你相信我，你会得到丰厚的回报。

莉莉是我的一位朋友，她知道一些好产品。一天，她兴奋地给我打电话，说她发现了一家家居生活购物馆。当她第一次走进这家店购物时，简直没法相信……

内容差不多，这样一改，是不是让顾客感觉舒服很多？在剩下的推文里，再说出1月1日的活动，丰厚的回报。

悬念式开头是最为常见的，不把话说完，由后面文案给出答案。

2.推文的排版要求

- 标题：字号在16~20px，字数越多，字号越小，最好加上颜色区分正文。
- 正文：字号在10~18px，文艺一点的公众号建议采用14px字号，适当增加灰度。
- 段落：杜绝长段落。段落与段落之间空一行，或段距设置为10~20px，行距1.5~2.5px，字间距0.25~1.5px。
- 配图：单图居中，可以增加圆角效果，多图可以用美图秀秀、简拼等软件进行拼图，或者用第三方编辑器进行排版。
- 留白：设置文章两边的边距，现在大部分公众号都有用到，一般通过第三方编辑器来实现。

5.4

微博文案

1.微博简介怎么写

作为一个营销型微博，创建时，要让别人快速精准了解你是谁，你是做什么的，你的微博是做什么的？能不能信任？

微博简介要真实。

番茄妈妈kiki：母婴育儿博主，每两天更新育儿分享视频。微博每天更新8条日常，每周五晚7-8点直播答疑。

儿童营养师王斌：临床专业，国家高级营养讲师，国家二级公共营养师。

欧阳雅鸿——想的电热毛巾架：想的电热毛巾架创始人，宁波瑞狄安采暖科技有限公司董事长，中国高端电热毛巾架领导者。

正品同书李兴念：杭州爱叶文化策划有限公司联合创始人（童书推介师）。

3D心理沙盘李守龙：心理软件研发与销售，北京合君惠友科技有限公司，合作微信：12345678。

这些微博简介写法是十分聪明的，只用简单的一句话，就讲明白从事的工作、行业、兴趣爱好、产品推广介绍。第一时间让顾客认识你、了解你，甚至联系到你。

2.长文章写作

如果说微信是孤岛，那微博就是海洋。微博人流量大，现在大家都爱用微博做营销。

做微博的目的是集人气、引流、卖货。

归根到底也是要让人相信你。

那么文案，怎么写？

要有故事感！

只有故事才会有人看，只有故事才能引起大家情绪共鸣，只有故事才会产生传播。

可通过前面介绍的文案写作窍门，来写微博文案的故事感。运用标题文案的写作方法，微博文案手到擒来。

5.5

短视频文案

李子柒认识吗？

李佳琦认识吗？

皮卡晨认识吗？

李子柒的美食与田园，李佳琪的口红推荐，皮卡晨的不倒翁。

如今快手很火，抖音很火，各种视频App都很火。拍短视频的人比比皆是，刷视频的人更是多不胜数。那么，应怎么做出一个爆款的视频？视频应怎么拍？文案怎么写？

我们的脚本思路应从以下几个方面来思考。

（1）日常高频话题

短视频的脚本思路应该是日常高频话题。

日常+高频

前面提的美食、田园生活、口红就是最大众、最生活化的东西，看的人多，还容易投射到自己身上。

有的话题，可能没有悠久的历史，但在我们生活中也经常出现，如求职、房价、生活压力等，都是在聊天时高频次出现的话题。

这些话题之所以会被高频次地提起，就是因为我们对于此类话题的敏感。如果在视频上出现此类话题的内容，在传播上就会比其他话题明显更容易成功。

（2）卖货型文案

在视频中植入产品广告时，就已经让顾客心生厌烦了。如果文案还不能打动顾客，就功亏一篑了。

下面来看，大狼狗郑健鹏&言真夫妇在一个视频中植入了江中猴姑养胃米稀（见图5-44）。

图 5-44　大狼狗郑健鹏 & 言真夫妇猴姑米稀文案

包租公天天赶着出来收租，三餐都顾不上吃，胃痛又犯了。

江中猴姑米稀精选10种药食原料，每天早餐吃，暖心又养胃，还可以加蜂蜜、坚果、水果等DIY做法，好健康，好好味！

身体好了，收多少租都没问题啦！

配上包租公的表演，幽默、有道理，这样的商业文案不会过于生硬，让顾客的接受度高。这个视频就有了十多万赞，猴姑米稀的销量自然也不在话下。

总结起来，视频文案要卖货，文案要表达顺畅、逻辑正确，遵循"痛点＋好处＋证明"的写法。

作业与练习

同学们已经了解了平台文案的写作技巧，下面一起和凤九来练一练吧。

1.请围绕自己在校上课、午餐、有趣见闻为内容，编辑3条文案。

2.将编辑好的文案发布到朋友圈、微博，看看人气高低。

行业优秀文案阅读

食品类文案

妙到想不到（妙脆角）

更多选择更多欢笑（麦当劳）

我要我的味道（伊利优酸乳）

味道好极了（雀巢咖啡）

果冻我要喜之郎（喜之郎）

牛奶香浓，丝般感受（德芙巧克力）

纵享新丝滑（德芙巧克力）

补钙新观念，吸收是关键（龙牡壮骨冲剂）

不是我戒不了酒，而是我戒不了朋友（红星二锅头）

横扫饥饿，做回自己（士力架）

味道是时光机，把长大的时光一口一口咽下（娃哈哈AD钙奶）

农夫山泉有点甜（农夫山泉）

总觉得没喝够，其实是没聊透（江小白）

晶晶亮，透心凉（雪碧）

有人模仿我的脸，还有人模仿我的面，但是你模仿不出我的味，统一老坛酸菜牛肉面，这酸爽，就是这个味（统一老坛酸菜牛肉面）

喝了娃哈哈，吃饭就是香（娃哈哈）

康师傅方便面，好吃看得见（康师傅）

选品质，选雀巢！（雀巢）

小饿小困喝点香飘飘（香飘飘奶茶）

关键时刻，随时脉动回来（脉动）

汽车类文案

别赶路，去感受路（沃尔沃）

拥有桑塔纳，走遍天下都不怕（桑塔纳轿车）

坐红旗车，走中国路（红旗轿车）

懂你说的，懂你没说的（别克君越）

好马配好鞍，好车配风帆（汽车蓄电池）

中国名车，嘉陵摩托（嘉陵摩托）

大众在走的路，再认证也成不了风格（JEEP）

走中国道路，乘一汽奥迪（一汽）

踏上轻骑，马到成功（轻骑摩托）

别人看到你的成就，我们看到你的奋斗（奥迪A6L）

如果我可以让你在速度中放飞心情，我愿意一路陪你同行。（捷安特自行车）

想想还是小的好（大众甲壳虫汽车）

与其原地回忆惊天动地，不如出发再次经历（路虎）

百年沉淀 一朝迸发（标致607）

活得精彩！（福特汽车）

城乡路万千，路路有航天（航天汽车）

如果前方没有路，那 我们就走出一条路（克莱斯勒汽车）

生活之旅 尽是奖励（亚洲万里通）

愉快，就在这旅！（机场快线）

有多少南方摩托车，就有多少动人的故事（南方摩托）

洗化类文案

去屑实力派，当然海飞丝（海飞丝）

我的光彩来自你的风采（沙宣洗发水）

爱生活，爱拉芳（拉芳）

不选贵的，只选对的（雕牌洗衣粉）

要想皮肤好，早晚用大宝（大宝）

拥有健康，当然亮泽（潘婷洗发水）

明星风采，纯纯关怀（美加净）

柔美皮肤，从旁氏开始（旁氏护肤品）

轻松爽洁，不紧绷（碧柔洗面奶）

中华永在我心中（中华牙膏）

飘柔，就是这么自信（飘柔）

清凉舒爽，全家共享（六神沐浴露）

大家好，才是真的好（好迪）

独处不一定酸楚，也可以和自己相处（百雀羚）

超能女人用超能（超能洗衣粉）

不伤手，无残留，立白洗洁精（立白）

肥皂我一直用雕牌，透明皂啊，我还是用雕牌（雕牌）

使头发根根柔软，令肌肤寸寸嫩滑（白丽香皂）

纳爱斯透明皂，洗衣不伤手（维纳斯）

牙好，胃口就好，身体倍儿棒，吃嘛嘛香（蓝天六必治牙膏）

服饰类文案

如果只为自己而穿衣打扮，多少会寂寞吧（步履不停）

特步，飞一般的感觉（特步）

奋斗！成就男人！（劲霸男装）

一切皆有可能（李宁）

鄂尔多斯羊绒衫，温暖全世界（鄂尔多斯羊绒衫）

开开衬衫，领袖风采（开开衬衫）

杉杉西服，不要太潇洒（杉杉西服）

羊羊羊，发羊财（恒源祥）

穿金猴皮鞋，走金光大道（金猴皮鞋）

行千里路，双脚依旧轻松（制鞋公司）

弘扬男士精品，一展男士风采！皮尔·卡丹在这儿！国际名牌，皮尔·卡丹（皮尔·卡丹）

重塑你童年时代的妈妈（风雅牌服装）

人生没有白走的路，每一步都算数（新百伦）

时间成就经典，岁月铸造永恒（华伦天奴西服）

皇太子恤衫并非皇家所独有（东方太子恤）

您若拥有双羽，将不再有冬天（双羽牌羽绒服）

当你在寻求高品位时，你就会发现佳衣（佳衣服装）

不论您长得怎样，"Lands' End"游泳衣总能让您称心如意，体形完美无缺（Lands' End游泳衣）

互联网通信类文案

真正喜欢你的人，24小时都有空；想送你的人，东南西北都顺路（滴滴打车）

引领通讯未来（中国联通）

陌生并不存在，因为我们都有同样的孤独（陌陌）

趣味相投N多快乐（网易）

网上贸易，创造奇迹（阿里巴巴）

只有与生俱来的爱，没有生来相欠（拍拍贷）

沟通从心开始（中国移动）

别让追赶的一分钟，变成最贵的一分钟（腾讯地图）

愿你奋斗的城市，可以对你温柔一些（支付宝）

人类失去联想，未来将会怎样（联想）

每个人，都是一条河；每条河，都有自己的方向（网易新闻）

你关心的才是头条（头条新闻）

携程在手，说走就走（携程）

喜欢这种东西，捂住嘴巴，也会从眼睛跑出来（网易云音乐）

探索黑科技，小米为发烧而生（小米）

百度一下，你就知道（百度）

打开很麻烦，不打开才更好（银联手机闪付）

我们是都有问题的人（知乎）

抖音记录美好生活（抖音）

在快手，看见每一种生活（快手）

家电类文案

海尔真诚到永远（海尔）

海尔，中国造（海尔）

原来生活可以更美的（美的）

没有最好，只有更好（澳柯玛）

梦想无界，科技无限（科龙）

海信空调，变频专家（海信）

DVD进入移动时代（新科）

LG清新空调，专利专享/清新健康（LG）

方太厨房专家，让家的感觉更好（方太）

好空调，格力造（格力）

数字，在这里起舞（东芝）

怡然生活，品位时尚（东芝）

同样是高清，不一样的清晰（海信）

绚丽鲜艳，本色还原（松下）

因为梦着你的梦（德生）

影像至尚，慧中而秀外（夏普）

全心全意小天鹅（小天鹅）

原来生活可以更美的（美的）

新飞广告做得好，不如新飞冰箱好（新飞冰箱）

母婴类文案

吃了惠氏，健康快乐每一天（惠氏）

滋养您的肌肤（强生）

宝宝健康快乐，就喝宝宝乐（宝宝乐）

金领冠，宝宝专属抵抗力（金领冠）

夜夜爱睡，天天爱玩（帮舒适）

祝宝宝天赋尽显（启赋）

一贯好奶粉（飞鹤）

不胖胖才干爽（妈咪宝贝）

雀氏第一步，天才一小步（雀氏）

宝宝开心，妈妈放心（妙然宝贝）

羊奶更健康，源自贝贝羊（贝贝羊）

太子天天乐，健康又快乐（太子乐）

美丽蜕变，孕育健康机灵宝宝（美赞成）

从小我喝雅培长大（雅培）

你看他的聪明劲，咱们的旋转门没有错（惠氏）

从前有个小孩，坐着热气球环游世界。我飞过山川，只为找到你（惠氏）

宝宝的健康，我们的生命（雀氏）

宝宝喝得安全，妈妈更放心（伊利）

宝贝喜欢的，妈妈爱护的（贝因美）

孩子的成长只有一次（雀巢）

房地产类文案

悠然小镇，悠闲生活；这里的花园没有四季（丽景湾）

叠翠空间，悠悠天地（金地翠园）

高尚社区，优越生活（深业花园）

缘采自你，情结深圳（情缘城市）

有故事的房子，花心思的家（蓝月湾畔）

高品质，新生活（锦绣花园）

生活可以更写意（雅云轩）

海风轻拂，芳草绿，悠然在我家（美庐锦园）

市纯生活，人文全接触（益田花园·豪园居）

盛开的花城，盛开的生活（西海花城）

邻居大海，自由自在（南海玫瑰花园）

回归质朴，享受单纯（波托菲诺）

生态新海景，城市新空间（翠堤湾）

云山深处好居庭（白云山庄）

居，微笑家园（苑·亲情天）

闪耀生活，无限不在（星江园）

以爱之名，升温一线（樾景台）

拥有海月，拥抱生活（海月花园）

富于动，怡在静，雅在居（富怡雅居）

最温馨的那盏灯，一定在你回家的路上（万科地产）

数码类文案

不仅仅是世界500强（华为）

您手中的世界500强（华为）

如果你喜欢简单，我的细节会让你感动（华为）

OPPO至美一拍（OPPO）

OPPO充电五分钟，通话2小时（OPPO）

让世界不断联想（联想）

V梦想，不放手。敢让全世界成为我的舞台（VIVO）

质量第一，用户第一（金星电视）

一切为用户着想，一切为用户负责（海信电视）

太阳更红，长虹更新（长虹电视）

个性彩电色彩不变（海尔彩电）

亮彩领袖，弧光溢彩（TCL王牌银狐）

昨日精彩重现，未来还有今天（莱彩数码摄录机）

给生活"莱"一点色彩（莱彩DV）

华硕品质，坚若磐石，感动世界的科技（华硕）

心随我动，联你所想（联想）

双彩互动，时尚旋律（三星S208）

物美，价廉，随意配，DIY由你做主（戴尔）

索尼Xperia智能手机，让沟通更娱乐（索尼Xperia）

公益类文案

跟酒驾者求情，有用吗？没有用（泰国公益广告）

纯粹的爱，无私的心（红十字会公益）

心连心捧起红十字，手牵手传递正能量（红十字会公益）

高举红十字，奔向中国梦（红十字会公益）

红十字会凝聚正能量，人道博爱放飞新梦想（红十字会公益）

崇爱弘善，公益扬帆（青岛慈善公益广告）

有爱认真，责任担当（公益中国慈善联盟）

从我心做起（公益中国网）

构建社会建设的支持体系（恩派公益）

爱心凝聚力量奉献点燃希望（桐乡市公益组织）

慈善的力量，爱心你我他，公益靠大家（中国爱心公益网）

汇聚公益心，传播正能量（中国公益网）

净化心灵，关爱生命（爱心公益协会）

让才华不被雪藏，让冬天只是季节（银联公益广告）

爱，是陪我们行走一生的行李（央视春节公益广告）

即使满身是刺，也会有人想尽办法去爱你（圣诞暖心公益广告）

家，是一辈子的馋（春晚公益广告）

不管今天你是不是单身，你都可以回家（新加坡公益广告）